AF603319

L'AMIRAL COURBET

Ln 27 39
Lk 7

VILLE D'ABBEVILLE

L'AMIRAL COURBET

SES OBSÈQUES
ET L'INAUGURATION DE SON MONUMENT

DOCUMENTS OFFICIELS RECUEILLIS ET PUBLIÉS

PAR

ALCIUS LEDIEU

Correspondant du ministère de l'Instruction publique
Conservateur de la Bibliothèque d'Abbeville

ABBEVILLE

IMPRIMERIE FOURDRINIER ET Cie
51-53, rue des Teinturiers

M.D.CCC.XCI

A MONSIEUR ALFRED FRANÇOIS,

MAIRE D'ABBEVILLE, DÉPUTÉ DE LA SOMME.

Monsieur le Maire et Député,

Le 1er septembre 1885, il vous était donné, disiez-vous, non sans émotion, d' « assumer le douloureux honneur d'adresser, au nom d'Abbeville en deuil, le dernier adieu au plus glorieux de ses enfants. »

Cinq ans plus tard, vous étiez encore appelé, au même titre, à présider à l'apothéose de ce « héros, qui, plus fort que la mort, est sorti du tombeau. »

Ces deux événements, qui marqueront dans votre existence, rappelleront longtemps votre administration, et, à votre mémoire, on devra associer celle des Adjoints et des Conseillers municipaux de 1885 et de 1890, qui vous ont si utilement secondé.

A toutes les époques, il s'est trouvé à Abbeville de bons citoyens, qui notaient soigneusement les faits les plus remarquables se passant sous leurs yeux. C'est avec le plus vif intérêt que nous lisons aujourd'hui ceux de ces documents arrivés jusqu'à nous, qui contiennent sur la magistrature des anciens maïeurs — vos prédécesseurs — tout ce qu'ils ont fait pour le bien et pour l'honneur de leur cité, qu'ils aimaient passionnément.

Comme ces honnêtes annalistes, j'ai pensé que ce serait une œuvre utile de faire connaître à nos descendants comment la ville d'Abbeville s'est acquittée, à notre époque, envers l'un de ses enfants les plus illustres.

Vous avez bien voulu m'encourager dans cette pensée et mettre à ma disposition les volumineux dossiers relatifs à ces deux événements. Il y avait là ample matière pour un volume. J'ai dû limiter mes extraits et me borner aux pièces principales.

Ma part dans cette œuvre est donc bien modeste.

Puisse-t-elle mériter vos suffrages.

Veuillez agréer, monsieur le Maire et Député, l'expression de ma respectueuse considération.

ALCIUS LEDIEU.

Bibliothèque d'Abbeville, 25 janvier 1891.

L'AMIRAL COURBET

AMÉDÉE-ANATOLE-PROSPER COURBET naquit à Abbeville le 26 juin 1827. Entré à l'École polytechnique le 1er octobre 1847, il y fit de sérieuses études et en sortit deux ans plus tard avec l'un des premiers numéros de sa promotion. Il entra dans la marine avec le grade d'aspirant de première classe le 1er octobre 1849, et il conquit successivement les grades d'enseigne de vaisseau en 1852, de lieutenant de vaisseau de première classe en 1861, de capitaine de frégate en 1866, de capitaine de vaisseau en 1873, de contre-amiral en 1880 et enfin de vice-amiral le 1er mars 1889.

Le 8 août 1880, Courbet était nommé gouverneur de la Nouvelle-Calédonie ; il s'y révéla bon colonisateur et bon administrateur. Ayant demandé à être relevé de ces fonctions, il rentra en France le 22 novembre 1882. Pour ne point laisser inactif l'un des officiers les plus jeunes et les plus brillants, le ministre de la Marine confia à Courbet le commandement en chef de la division navale d'essais, nouvellement créée à Cherbourg. Le 23 avril 1883, il arborait son pavillon sur le cuirassé le *Bayard*. Un mois plus tard arrivait à Paris la nouvelle de la mort du commandant Henri Rivière. Le contre-amiral Courbet fut désigné pour tirer vengeance de cette mort.

Arrivé à Saïgon au mois de juillet 1883, Courbet vit du premier coup d'œil où il fallait frapper. Le 19 août avait lieu le bombardement des forts de Thuan-An, qui défendent Hué; le lendemain, lecorps de débarquement gagnait la terre à six heures du matin. Cette première affaire nous valut la soumission de l'Annam.

Nos plus sérieux ennemis étaient les Pavillons-Noirs, qui avaient établi leur quartier général à Sontay, place forte située à l'entrée du delta du fleuve Rouge. Attaquée le 14 décembre, cette place fut vaillamment défendue jusqu'au surlendemain; le 17, la citadelle était évacuée et les Français y entrèrent sans coup férir.

Le 11 juin 1884, un traité était signé à Tien-Tsin entre la France et la Chine. La guerre paraissait terminée quand le guet-apens de Bac-Lé vint rouvrir les hostilités (24 juin). L'amiral Courbet recevait l'ordre, le 12 juillet, d'aller mouiller avec sa flotte devant Fou-Tchéou, la ville la plus importante de l'empire du Milieu. Le 5 août avait lieu le bombardement de Kélung, qui se rendait le jour même.

Les journées du 24 au 28 août suivant furent consacrées au bombardement de l'arsenal de Fou-Tchéou ; à la suite de ces glorieux combats, la flotte chinoise était détruite. Le 30 août, tous les navires de notre escadre, sortis triomphants du Min après avoir anéanti les formidables défenses échelonnées sur plus de quarante kilomètres, se trouvaient réunis à l'île Matsou. Cette opération, si bien conduite, mit le sceau à la réputation de l'amiral Courbet, suivant l'expression de l'un de ses biographes.

Le 15 février 1885, les canots porte-torpilles du *Bayard* détruisaient à Sheipou une frégate et une corvette chinoises. Le 29 mars suivant, l'amiral Courbet s'emparait de l'archipel des Pescadores situé entre l'île Formose et la côte. Le 4 avril, des préliminaires de paix étaient signés à Paris. Le rôle de notre flotte était alors entièrement terminé. Cependant, le commandant en chef de l'escadre de l'extrême-Orient continua de rester aux Pescadores.

La santé de Courbet avait toujours laissé à désirer pendant les deux années qu'il resta dans les mers de Chine ; il souffrait d'une maladie de foie qui prit, dans les derniers temps, un caractère alarmant. Le 11 juin 1885, il succombait à cette affection. Il mourut sur le théâtre de son dernier triomphe, dans le port de Makung, à bord du vaisseau amiral le

Bayard. Il mourait dans son lit, ce vaillant marin, lui qui aurait tant désiré tomber pour son pays sous une balle ennemie...

Cet homme de guerre, si terrible dans l'action, était encore plus peut-être un grand organisateur. Il savait préparer la victoire avec une ténacité, une science et un souci du détail qui ne laissaient rien au hasard. L'investissement de Sontay, la prise des Pescadores demeureront comme des modèles de stratégie.

I

MORT DE L'AMIRAL COURBET

ADRESSES DE CONDOLÉANCES

C'est en ces termes que l'amiral Lespès annonça aux marins de la flotte la mort de l'amiral Courbet :

« Le contre-amiral Lespès, commandant en sous-ordre l'escadre de l'extrême-Orient, a la profonde douleur d'annoncer à l'escadre et au corps d'occupation la perte cruelle qu'ils viennent de faire dans la personne de leur glorieux commandant en chef, le vice-amiral Courbet.

» La France entière s'associera à notre deuil profond. Demain 12 juin, à huit heures du matin, les vergues seront mises en pantenne à bord des bâtiments présents sur rade. Les pavillons et les marques distinctives seront hissés à mi-mât. Le *Bayard* conservera jusqu'à nouvel ordre le pavillon du vice-amiral et tirera un coup de canon toutes les heures, à partir de huit heures du matin jusqu'au coucher du soleil. »

Le 13 juin, l'amiral Lespès prononçait les paroles suivantes aux obsèques de l'amiral Courbet faites à bord du *Bayard :*

« MESSIEURS,

» C'est avec le sentiment de la plus vive douleur et l'émotion la plus profonde que je m'approche de ce cercueil pour dire, au nom de l'escadre de l'extrême-Orient et du corps expéditionnaire de Formose, le suprême adieu à notre glorieux et bien regretté commandant en chef.

» Ai-je besoin de vous parler de l'amiral Courbet? Comme moi, vous le connaissiez tous; comme moi, vous l'appréciiez et vous l'aimiez tous, car jamais nature plus franche et plus loyale ne s'est montrée au grand jour. Ferme et brave avant tout dans l'action, dévoué à tous ses devoirs, sympathique et affectueux, il suivait jusqu'aux plus humbles avec le même intérêt bienveillant et savait unir la plus vaste intelligence, l'esprit le plus ouvert et le plus cultivé aux plus mâles qualités du caractère.

» Je pourrais détailler ses brillants services dont les dernières et glorieuses étapes portent des noms désormais historiques : *Thuan-An, Sontay, Rivière Min, Kélung* et *Makung*. Je me contenterai de les résumer d'un mot en disant que sa vie entière a été uniquement consacrée à son pays.

» Le patriotisme le plus élevé a toujours inspiré du même souffle ardent son âme grande et généreuse, lui traçant la voie qu'il a suivie jusqu'au bout, en faisant sienne la belle devise du vaisseau sur lequel flottait son pavillon. Mais déjà sa santé, affaiblie sous toutes les latitudes, ne répondait plus à ce qu'il réclamait d'elle, à ce qu'il lui imposait chaque jour, et c'est par un coup soudain et imprévu qu'il a été enlevé à notre affection et à notre admiration au moment où il allait pouvoir goûter un repos si noblement gagné.

» A côté du chef respecté et vénéré, laissez-moi vous dire, Messieurs, qu'il y avait pour moi, comme pour beaucoup d'entre vous, pour tous, sans doute, un ami sûr et dévoué, toujours aimable et bienveillant. Nos regrets n'en sont que plus amers; ils seraien tsans consolation, s'il ne nous restait un grand exemple à suivre, celui d'une existence bien remplie.

» Adieu, mon cher amiral ! adieu Courbet ! Ton nom sera brillant dans l'histoire de ton pays; il restera aimé et honoré dans nos cœurs. »

Le dimanche 14 juin arrivait, dans la matinée, au ministère de la Marine, un télégramme conçu en ces termes :

« C'est avec une profonde douleur que je vous annonce le malheur qui vient de nous frapper. Notre valeureux amiral vient de s'éteindre entre nos bras, au milieu de la désolation de la flotte entière. Il est mort en soldat, sur son *Bayard,* qu'il n'a pas voulu quitter. La mort l'a pris, alors qu'il était anémié par six semaines de maladie, et il s'est éteint sans souffrances au bout de quarante-huit heures. »

C'est en revenant du grand-prix que l'amiral Galiber trouva un télégramme lui annonçant la mort de Courbet, son ami intime. Il se rendit aussitôt chez le président de la République et chez le président du Conseil pour leur annoncer la douloureuse nouvelle.

Après avoir reçu l'amiral Galiber, le président de la République lui fit adresser la lettre suivante :

« Monsieur le Ministre, le président de la République prend une part profonde au malheur que vous êtes venu lui annoncer, et qui frappe si cruellement le pays tout entier. Il vous prie de vouloir bien faire exprimer ses sentiments à la sœur de l'amiral Courbet par l'officier que vous envoyez à Abbeville, en lui offrant l'expression de sa profonde et douloureuse sympathie. »

Le ministre de la Marine préféra venir en personne à Abbeville, le soir du même jour (dimanche 14 juin), pour annoncer la fatale nouvelle à Mme Cornet-Courbet et à sa famille.

Le surlendemain, il écrivait à la sœur de l'amiral :

« MADAME,

» Le télégraphe nous a transmis la nouvelle d'un immense malheur.

» Vous avez perdu votre frère, le Ministre a perdu son ami, et la Marine son plus vaillant amiral.

» Le pays comprendra aussi la grandeur de la perte qu'il vient de faire ; il s'associera à votre douleur et à la nôtre.

» C'est à bord de son *Bayard,* à Makung, le 11 juin, à dix heures et demie du soir, que Courbet a rendu son dernier soupir.

» Je vous prie de vouloir bien agréer, Madame, avec l'expression de mes sentiments personnels et de ceux de la Marine dont je suis ici l'interprète, l'hommage de mon profond respect.

» Le ministre de la Marine et des Colonies,

» GALIBER. »

Le même ministre fit connaître en ces termes la mort de l'amiral Courbet à la Chambre des Députés dans la séance du 15 juin :

« MESSIEURS,

» C'est avec les sentiments d'une profonde et patriotique douleur que je monte à cette tribune d'où je viens vous annoncer un grand deuil.

» L'amiral Courbet est mort.

» Au moment où la paix signée marquait le terme de sa tâche, au moment où les incessantes fatigues de sa mémorable campagne allaient avoir leur fin, Courbet, vaincu par la maladie, a rendu le dernier soupir le 11 juin, à Makung (îles Pescadores), à bord du cuirassé le *Bayard,* qui portait son pavillon de commandement.

» C'est une grande perte, Messieurs, que vient de faire la France.

» Les états de service du vaillant amiral en donnent la preuve irrécusable. Mais, ce qui justifie plus encore ce sentiment, c'est le cri de douleur qui s'élève de l'escadre de l'extrême-Orient, et dont l'écho retentit dans toute la marine.

» L'armée, que nous sommes habitués à voir en toute occasion auprès de nous, partagera notre tristesse, j'en suis sûr, avec les sentiments de son inaltérable confraternité d'armes, et le pays tout entier voudra certainement s'y associer par l'organe de ses représentants.

» En rendant ici, au nom du gouvernement, un hommage public de reconnaissance à l'amiral Courbet, j'ai confiance en votre unanime sympathie. La marine vous sera reconnaissante.

» Le chef aimé qu'elle vient de perdre est mort à la tête de son escadre, ayant d'avance sacrifié sa santé et sa vie ; mort à l'heure du succès, après avoir supporté toute la peine ; mort à bord de son *Bayard*, sur le lieu même de son dernier fait d'armes ; mort enfin en soldat, sans peur et sans reproche.

» Au moment où le ministère de la Marine met son pavillon en berne, je vous demande, Messieurs, de vouloir bien lever la séance en signe de deuil. »

Le même jour, M. A. François, maire d'Abbeville, faisait mettre en berne le drapeau de l'Hôtel de Ville et convoquait d'urgence le Conseil municipal pour huit heures du soir ; il donnait, d'une voix émue, lecture du texte de la proposition suivante, qui offre la note juste des sentiments éprouvés par chacun de ses administrés :

« MESSIEURS,

» Je vous ai réunis d'urgence sous le coup d'une émotion profonde, partagée par chacun de vous et par toute la population d'Abbeville.

» Une terrible nouvelle nous est parvenue ce matin : l'amiral Courbet, notre illustre compatriote, vient de mourir à bord du vaisseau le *Bayard*, dans les mers de Chine, à son poste de combat.

» Tous les cœurs vraiment français seront douloureusement impressionnés par cette mort cruelle et imprévue. En l'amiral, dont le nom signifie bravoure et dévouement, la France perd un de ses plus intrépides marins, un de ses plus valeureux défenseurs. Abbeville voit s'éteindre, encore jeune et tout rayonnant d'une nouvelle gloire, celui dont elle est et restera si justement fière, et qu'elle se disposait à fêter avec enthousiasme à son retour de l'extrême-Orient, où il a contribué si puissamment au succès de nos armes.

» Ce deuil est pour nous tous, Messieurs, doublement cruel, car il nous frappe à la fois et comme Français et comme Abbevillois. A ce double titre, nous déplorons la perte irréparable que nous venons de faire, nous joignons nos regrets à ceux que le pays tout entier éprouvera quand la fatale nouvelle sera connue de tous, et nous adressons à la famille éplorée de l'illustre marin l'expression de notre profonde tristesse et de notre vive sympathie.

» Interprète fidèle de chacun de vous, Messieurs, et de toute la population de notre ville, je propose au Conseil de prendre une délibération renfermant les sentiments de douloureuse impression que nous avons tous ressentie en apprenant la mort du brave amiral. »

A la suite de la lecture de cette proposition fut prise la délibération suivante :

« Le Conseil,

» S'associant pleinement aux sentiments exprimés par M. le Maire,

» Exprime tous les regrets que lui inspire la mort de l'amiral Courbet, et adresse en son nom et au nom de toute la ville, à la famille si cruellement éprouvée de l'illustre marin, l'expression de sa profonde douleur et de sa vive sympathie ;

» Décide qu'une plaque commémorative sera placée sur la maison située *rue de l'Hôtel-de-Ville*, où est né le brave amiral, et qui est occupée actuellement par M. Blanchard, peintre ;

» Dit que la *place du Marché-au-Blé* s'appellera à l'avenir *place de l'Amiral-Courbet*, et qu'une souscription nationale sera ouverte dès demain par la municipalité, au nom de la ville d'Abbeville, pour l'érection sur cette place d'une statue en l'honneur de notre valeureux compatriote. »

Le 20 juillet suivant, un décret du président de la République approuvait cette délibération.

Le 16 juin, M. Henri Brisson, président du Conseil, prononça l'allocution suivante au Sénat :

« MESSIEURS,

» Le Sénat connaît la mort de l'amiral Courbet.

» Certainement, chacun de vous a lu ce matin la communication faite hier à la Chambre des Députés par M. le Ministre de la Marine, communication qui restera comme pour bien montrer qu'il n'est tel que les braves pour faire avec simplicité l'éloge des héros.

» Que pourrais-je ajouter, Messieurs, qui ne fût au-dessous de notre émotion ? On l'a dit déjà et si bien : l'amiral Courbet aura été à la peine et n'aura pas reçu l'accueil triomphal que lui ménageait la patrie.

» Une âme courageuse, a dit Bossuet, sait de-» meurer maîtresse du corps qu'elle habite. » Nul ne l'avait mieux prouvé que l'illustre amiral ; mais, ne vivant que pour son pays, il semble qu'après nous avoir assuré la victoire et la paix, Courbet ait comme dédaigné de commander à son mal. Il est enlevé à la fois et à notre reconnaissance et à notre espérance. N'y a-t-il pas d'ailleurs, Messieurs, de ces existences faites de sacrifices, qui s'éteignent sans avoir reçu toute leur récompense, et qui n'en apparaissent aux yeux de la postérité que comme plus pures et plus achevées par cela même?

» Le dernier sceau de la gloire de Courbet aura été du moins de réunir toutes les âmes dans le même sentiment, de faire battre tous les cœurs français à l'unisson.

» Vous voudrez sans doute, Messieurs les Sénateurs, en levant votre séance, vous associer au deuil de la marine, de l'armée, de la nation entière. Mais nous honorerions mal Courbet s'il ne se mêlait à notre douleur le juste orgueil que doivent inspirer à la France de tels serviteurs, et si nous ne partagions la confiance indomptable qu'il avait dans l'avenir de la patrie. »

De nombreuses adresses de condoléances émanant de conseils municipaux et d'associations diverses furent transmises à M. François, maire d'Abbeville, ainsi qu'à la famille de l'amiral. Nous citerons les adresses des conseils municipaux de Paris, Lyon, Marseille, Bordeaux, Saint-Étienne, Rouen, Lille, Amiens, Reims, le Havre, Nantes, Mâcon. Agen, Civray, Toulon, Dunkerque, Douai, Calais, Elbeuf, Fontainebleau, Montreuil-sur-Mer, Barbezieux, Brest, Rochefort, Lannion, Montdidier, Saintes. Boves. etc., etc. Un certain nombre de villages de la Somme tels que Tours-en-Vimeu,

Woignarue, Cahon-Gouy, Allenay, Gueschart, Crécy, le Crotoy, Noyelles-en-Chaussée, Dargnies, Friville-Escarbotin, etc. etc., ont tenu également à témoigner officiellement la part qu'ils prenaient au deuil de la patrie. La société de gymnastique et de tir l'*Abbevilloise,* le Cercle des Alsaciens-Lorrains de Paris, la Chambre de commerce du Morbihan, la Société des anciens défenseurs de la Patrie des armées de terre et de mer de Bordeaux, la Société des anciens élèves des écoles nationales d'arts et métiers de Paris, la Société de tir et d'instruction militaire *la Jeune France* du XIe arrondissement de Paris, le Conseil d'arrondissement de Rouen, etc., envoyèrent aussi les plus patriotiques adresses de condoléances à la municipalité d'Abbeville et à la famille de l'amiral Courbet.

Comme il ne nous est point possible de reproduire toutes ces adresses, nous en donnerons quelques-unes, prises au hasard.

Le 19 juin, le maire de Calais donnait lecture au Conseil de la proposition suivante, émanant de MM. Defontaine et Mulard :

« MONSIEUR LE MAIRE,

» La France vient de perdre un de ses plus intrépides marins, un de ses plus glorieux défenseurs.

» L'amiral Courbet est mort à son poste de combat, victime de son devoir, loin de la patrie qu'il a servie avec tant de bravoure et de dévouement.

» C'est remplir un devoir de reconnaissance et donner une noble émulation aux générations à venir que de perpétuer le souvenir des braves qui font avec autant d'abnégation le sacrifice de leur vie pour la défense du pays et l'honneur de la France.

» En conséquence, nous avons l'honneur de vous prier, Monsieur le Maire, de vouloir bien proposer au conseil de prendre la délibération suivante :

» Le Conseil municipal de la ville de Calais,

» S'associant pleinement aux considérations qui précèdent,

» Joignant ses regrets à ceux du pays tout entier,

» Et voulant perpétuer le souvenir de celui dont la France a le droit d'être fière,

» Décide que la *Rue Neuve* de Calais (section nord) prendra le nom de l'Amiral Courbet. »

En même temps que copie de cette délibération parvenait à M. A. François, le télégramme suivant lui était envoyé :

« Au nom du Conseil municipal, au nom de toute la population de Toulon, le maire de Toulon adresse à la famille de l'amiral, mort au champ d'honneur, l'expression de sa respectueuse sympathie et de ses regrets. Il prie M. le Maire d'Abbeville de vouloir bien être son interprète auprès de la famille Courbet.

» Dutasta, maire. »

Le 18 juin, le préfet de la Somme envoyait copie de la délibération prise la veille par la Commission départementale du Conseil général de la Somme :

« M. Maquennehen demande la parole et s'exprime de la manière suivante :

» Ma qualité d'enfant d'Abbeville me désigne tout naturellement pour prendre devant la Commission départementale l'initiative d'une proposition qui ne peut y rencontrer qu'un unanime et sympathique écho.

» La France vient de faire, dans la personne du vaillant amiral qui commandait nos forces navales dans les mers de la Chine, une perte que l'on peut qualifier de difficilement réparable.

» Il appartient aux représentants de la nation de décider quels honneurs seront rendus à la mémoire du vainqueur de Sontay, à la mémoire de l'homme de mer dont les glorieux faits d'armes ont amené la Chine à ne plus disputer à la République française la situation que celle-ci revendiquait dans l'extrême-Orient.

» Pour être plus modeste, le devoir des représentants du département qui a eu l'honneur de voir naître Courbet n'en est pas moins impérieux.

» Vous aurez rempli ce devoir, et c'est à cela que tend précisément ma proposition, quand, au nom du Conseil général de la Somme, dont vous êtes les délégués, vous aurez fait parvenir à la famille du grand amiral l'expression de la part douloureuse que prend le département tout entier au deuil national qui étreint tous les cœurs.

» La Commission départementale, s'associant cordialement aux sentiments exprimés dans la motion qui précède, manifeste, dans un vote émis à l'unanimité, la grande part que prennent les mandataires du département à la douleur commune au pays tout entier, qui frappe la famille du glorieux amiral, et décide que ce vote, consigné au registre de ses délibérations, sera transmis à la famille de l'illustre Abbevillois par M. le Préfet de la Somme, qui s'est chargé de s'en faire l'interprète. »

Le Conseil d'arrondissement d'Abbeville prenait la délibération suivante dans la séance du 23 juillet :

« En ouvrant la séance, M. le Président propose, dans un langage empreint d'une noble et patriotique émotion, la remise d'une adresse à la famille de l'amiral Courbet.

» L'empressement avec lequel est accueillie cette proposition prouve qu'elle était déjà dans le cœur et sur les lèvres de tous les représentants des cantons de l'arrondissement.

» Le Conseil désigne M. du Maisniel de Saveuse pour la rédaction de cette adresse.

» M. de Saveuse lit l'adresse suivante :

» Le Conseil d'arrondissement d'Abbeville s'associe avec une respectueuse sympathie à la douleur de la famille de l'amiral Courbet, et unit ses regrets profonds au deuil unanime de la patrie.

» L'éloge de l'illustre marin n'est plus à faire.

» Quelques semaines se sont à peine écoulées depuis que la fatale nouvelle a retenti comme un glas funèbre dans tous les cœurs français, et l'admiration qui entoure sa mémoire n'a rien laissé à dire qui n'ait été dit.

» Il est, d'ailleurs, des renommées qui sont au-dessus des louanges et des critiques. La sienne est du nombre.

» Nous avions rêvé qu'un jour viendrait prochainement où cette glorieuse épée, hommage de ses concitoyens, lancerait ses joyeuses étincelles sous le soleil éclairant la rentrée triomphale du vainqueur de Sontay et de Fou-Tchéou.

» Hélas ! c'est un crêpe qu'il faut attacher à sa poignée, c'est sur un cercueil qu'il faut la déposer !

» La mort est venue frapper le vaillant soldat à son poste d'honneur, *sur son cher Bayard*, comme l'a dit M. le Ministre de la Marine à la tribune de la Chambre, sur ce vaisseau qu'il affectionnait tant, et il semble que la Providence ait voulu, par ce rapprochement, unir dans le souvenir de la postérité, le nom du chevalier sans peur et sans reproche du seizième siècle à celui de l'amiral sans peur et sans reproche du dix-neuvième.

» Tous deux, cœurs loyaux et braves, battant avec une ardeur égale pour l'honneur de la France, intelligences d'élite, grands caractères, ces héros sont morts de même la face tournée vers l'ennemi, après avoir vécu de cette vie qui est l'éclatante consécration de la plus belle des devises : Dieu, Patrie, Famille.

» A l'heure prochaine où nous nous inclinerons avec tristesse et respect devant la dépouille de l'illustre amiral rendue à la cité qui se glorifie d'avoir été son berceau, qu'il nous soit permis de chercher un adoucissement à l'amertume de nos larmes dans cette pensée de légitime et patriotique orgueil : celui dont la renommée appartient désormais à l'histoire était notre frère et notre concitoyen.

» Le Conseil décide que cette adresse sera transmise à la famille de l'amiral Courbet et insérée au registre des délibérations ;

» Que tous ses membres assisteront aux obsèques ;

» Que cinq d'entre eux le représenteront à la cérémonie qui doit avoir lieu à Paris.

» Il délègue à cet effet MM. Froment, président, Joseph Depoilly, secrétaire, Deneux, Barbier et Le Coustellier, et prie M. le Sous-Préfet de demander à M. le Préfet de la Somme qu'il veuille bien transmettre cette décision à M. le Ministre de la Marine. »

La mort de l'amiral Courbet fut aussi vivement ressentie à l'étranger qu'en France. Voici ce que publiait l'*Écho du Japon :*

Yokohama, le 15 juin 1885.

« Sur l'initiative de quelques amis, et M. le Ministre de France étant de retour à Tokio, nous devions, dans notre numéro d'aujourd'hui même, inviter nos compatriotes à se réunir jeudi prochain pour arrêter les détails du programme de la réception à faire à l'amiral Courbet et à sa valeureuse flotte. On comptait solliciter et obtenir de M. l'Agent des Messageries maritimes la faveur de mettre à la disposition de la communauté française un des vapeurs de la Compagnie, afin d'aller saluer l'amiral à son entrée dans la baie.

» Un malheur national mit fin à nos projets. Notre programme actuel se résume en deux mots : Stupeur, deuil ! Après Gambetta, c'est Chanzy ; le premier, l'âme, et le deuxième, l'épée de la défense nationale ; l'un et l'autre l'espoir de la revanche. C'est ensuite le tour de l'amiral Pierres, dont le patriotisme et l'énergie ont trouvé la récompense que l'on sait. Aujourd'hui, c'est la mort de l'amiral Courbet sur son vaisseau amiral, à l'ombre du pavillon qu'il a porté d'une main si ferme et qu'il avait espéré faire flotter, victorieux toujours, devant les batteries du fort Arthur.

» Doué d'un courage ferme et assuré, d'une capacité étendue, d'une expérience consommée, l'amiral Courbet, qui payait si facilement de sa personne, était ménager non seulement du sang de ses soldats, mais aussi de celui de ses adversaires. En effet, dès que l'ennemi fuyait en désordre : « Cessez » le feu, commandait-il, ce n'est plus qu'un troupeau » inoffensif. »

» Prosper-Anatole Courbet est né à Abbeville en

1827, et il a gardé de son pays natal un air de finesse narquoise et calme qui est le propre de son caractère.

» Bien que très décidé, n'hésitant jamais et allant droit au but en toute occasion, il était extrêmement conciliateur, — ce que Lavater eût deviné à la proéminence excessive de son front — et très prudent dans ses entreprises. Ses lèvres droites et serrées indiquaient beaucoup de fermeté et, en revanche, peu d'impressionnabilité physique, ce qui n'est d'ailleurs pas un défaut pour un chef français. Notre race est en effet beaucoup trop nerveuse, et la sensibilité est une des pires vertus à rencontrer chez ceux qui sont appelés à conduire des troupes françaises devant un ennemi quel qu'il soit. Si l'amiral Courbet exigeait beaucoup de ses subordonnés, avec lesquels il ne s'est pas départi une seconde, dans sa longue carrière, des formes les plus courtoises, il était encore plus dur pour lui-même.

» Debout, à terre comme en mer, dès six heures du matin, il ne travaillait jamais moins de onze heures par jour, et aucune des questions qui intéressent la marine militaire ne lui était étrangère. Il s'était spécialement occupé d'artillerie. Sorti en 1840 de l'École polytechnique, il s'est complètement dépouillé de la morgue traditionnelle de la plupart de ses camarades, et, bien que son chef d'état-major soit également un ancien « pivot » en service, l'amiral Courbet restait toujours juste et sans part pris vis-à-vis des officiers de toutes armes qui servaient sous ses ordres, et qui ne le quittaient jamais qu'avec regret.

» On se tromperait étrangement si, sur les apparences, le lecteur s'imaginait avoir eu devant lui ce que l'on est convenu d'appeler un « loup de mer. »

» Le tempérament de l'amiral Courbet et son éducation première ne le prédisposaient pas du tout à la carrière maritime. Il n'était pas né « marin » et il a dû, pour arriver à devenir, à tous les points de vue professionnels, un des meilleurs, sinon le meilleur officier de son corps, assouplir son caractère et, pour ainsi dire, transformer ses aptitudes. Les officiers provenant de la grande école ont toujours, au début, des lacunes dans leur éducation technique. Courbet le comprit si bien que, pour son premier embarquement, il demanda et obtint la corvette à voile la *Capricieuse*, dont la campagne autour du monde dura près de quatre années.

» Courbet en revint trempé au métier de la mer, et, depuis lors, il passa par les situations les plus diverses, montrant partout les mêmes facultés d'assimilation, les mêmes facilités de travail. Lieutenant de la corvette *Coligny*, secrétaire de la commission du vaisseau-école des canonniers, plusieurs fois chef d'état-major en escadre, commandant d'un grand aviso à la station des Antilles, puis de l'école des torpilles de Boyardville, gouverneur de la Nouvelle-Calédonie, et enfin commandant en chef au Tonkin, on doit reconnaître qu'il a brillé partout.

» Et, s'il n'a pu surmonter toutes les difficultés de son poste en Calédonie, la faute est plutôt imputable aux variations de la politique ministérielle qu'à la façon dont il a exécuté les ordres qu'il recevait de Paris.

» Le rôle de l'amiral Courbet au Tonkin est trop connu pour que nous le rappelions ici. On sait qu'appelé à réparer les fautes commises, en peu de temps il sut arrêter le désarroi, mettre de l'ordre dans les différents services, rétablir la discipline et les privilèges de la hiérarchie singulièrement affaiblie.

» Sa bravoure au feu devant Hué lors de la prise de Sontay l'ont rendu légendaire au Tonkin, et cependant, de même que le général Chanzy lorsqu'il fut appelé au commandement de l'armée de la Loire, le jour où il prit la direction militaire des affaires du Tonkin, l'amiral Courbet n'avait pas encore reçu le baptême du feu, ou du moins n'avait jamais assisté à un combat en règle.

» Au moment de mettre sous presse, nous recevons une communication dont nous détachons les lignes suivantes. A ses talents, à son expérience consommée de marin, l'amiral Courbet joignait les plus nobles qualités du cœur. Il était adoré de tous les équipages placés sous ses ordres ; parmi eux, en effet, on le connaissait froid et inflexible dans le service, dans l'action, calme et prévoyant vis-à-vis du danger, rempli de cordialité et de bienveillance dans l'ordinaire de la vie. Il avait pour principe qu'aucun détail dans le difficile métier du marin ne doit être négligé ; aussi s'est-il constamment attaché au cours de cette rude campagne de Chine à rendre supportables à tous des privations et des fatigues non interrompues pendant près de deux ans.

» Sa plus grande préoccupation était, autant qu'il se pouvait faire, d'épargner la vie de ceux sous ses ordres. Aussi savait-on que toutes ses combinaisons tendaient à obtenir le plus grand résultat au prix du moindre sacrifice en hommes. Et, après le combat, le premier, il était aux hôpitaux portant des paroles consolantes, annonçant des récompenses, ranimant par sa présence les courages abattus.

» La perte d'un tel homme est un grand deuil pour la patrie française.

» Mais les Français de bonne race comme Chanzy et Courbet n'ont pas besoin d'un long apprentissage. Ils se forment vite ; on l'a bien vu pour l'un comme pour l'autre. Bref, après cinq mois de commandement, l'amiral Courbet livrait à son successeur, le général Millot, le delta entièrement soumis et matériellement pacifié.

» Le ministre de la Marine, interprète de la reconnaissance nationale, a su dignement récompenser les éminents services de son collègue Courbet en lui accordant successivement la croix de grand-officier et le grade de vice-amiral, dignités auxquelles s'ajouta celle de grand'croix de la Légion d'honneur. L'un et l'autre au surplus n'ont pas cessé un seul jour de vivre en parfaite intelligence, et cette communauté d'idées a porté les plus heureux fruits, au cours des événements que nous préparait le conflit avec la Chine.

» La France était assurée que, dans la situation difficile qu'occupait l'amiral Courbet, personne ne saurait mieux la défendre et la faire respecter que le commandant en chef de notre escadre. Pas un seul jour, il ne fut au-dessous de la tâche qui lui était confiée. »

De son côté, *The Japon Daily Herald* publiait les deux articles suivants :

Yokohama, lundi 15 juin 1885.

« Nous apprenons avec un vif regret que l'on a reçu hier à Tokio un télégramme annonçant la mort de l'amiral Courbet.

» L'on ne connaît pas de détails, mais on peut admettre que les fatigues morales et les atteintes du mauvais climat du Tonkin et de Formose sont les causes de la perte de ce brillant officier.

» Combattant toujours avec des forces insuffisantes et souvent dans des conditions exceptionnellement difficiles, l'amiral Courbet n'a jamais commis d'erreur ni sacrifié inutilement la vie d'un Français, autant qu'il nous est permis de le juger. Son pays doit être bien fier d'avoir possédé un tel chef, et le pleurera amèrement. Il est mort juste au moment où il allait jouir du repos qu'il avait si noblement gagné, et quand la paix, à la conclusion de laquelle il avait si largement contribué, était faite. Les pavillons ont été hissés à mi-mât à Yokohama. »

Yokohama, lundi 15 juin 1885.

« Les citoyens de toutes nationalités s'uniront à ceux de la France pour regretter la perte que ce pays vient d'éprouver par la mort imprévue de l'amiral Courbet décédé, aux Pescadores, à bord du *Bayard,* qui portait son pavillon. La nouvelle de ce triste événement a surpris ici tout le monde ; on n'ignorait pas qu'une partie de la flotte française devait arriver prochainement à Yokohama, et on savait parfaitement que l'amiral Courbet devait venir y prendre le paquebot pour rentrer en France par la voie d'Amérique.

» L'amiral avait bien souffert, il y a quelque temps, de troubles du côté du foie, mais nous croyions que ce n'était pas grave et que l'on n'avait aucune inquiétude. On suppose avec beaucoup de vraisemblance que le chagrin qu'il a éprouvé, lors de la conclusion de la paix, à la remise aux Chinois des places de Kélung, Pescadores, etc., etc., qui avaient coûté tant de peines et de si grandes dépenses tant en argent qu'en hommes, ont amené l'issue fatale et subite de sa maladie. Quelles que puissent être les idées des Orientaux sur le bon droit ou l'injustice de l'ex-état de représailles, ils sont tous unanimes à reconnaître que l'amiral Courbet a mérité des éloges pour la manière dont il a conduit les diverses opérations qui lui avaient été confiées depuis la paix de Sontay, lors de ses débuts au Tonkin, jusqu'à sa dernière victoire, la prise des Pescadores.

» La République française a perdu en l'amiral Courbet un serviteur aussi loyal qu'habile, et la marine déplorera amèrement la mort de celui qui avait si dignement soutenu sa vieille réputation de valeur. »

Le président du Conseil d'administration municipale française de Sanghaï ouvrait en ces termes la séance du 17 juin :

« MESSIEURS,

» Avant de commencer nos travaux pour la séance de ce jour, permettez-moi de vous entretenir de la perte douloureuse que la France vient d'éprouver en la personne de monsieur le vice-amiral Courbet, commandant en chef l'escadre de l'extrême-Orient, décédé le 11 courant aux îles Pescadores, à bord du *Bayard*.

» Comme vous le savez, cette triste nouvelle est

parvenue à Shanghaï dimanche dernier quelques heures après la cérémonie pendant laquelle le pavillon français a remplacé, à titre définitif, le pavillon russe, au consulat général de France, et sur les édifices municipaux de notre concession.

» Dès que j'ai eu connaissance de ce déplorable événement, j'ai cru être l'interprète des sentiments du Conseil en me rendant immédiatement auprès de M. le Consul de France pour lui exprimer nos sincères regrets, et me concerter avec lui sur la façon dont nous pourrions le mieux témoigner l'estime et l'admiration que nous ressentions pour l'amiral Courbet.

» Nous avons pensé devoir honorer sa mémoire par un service funèbre, et nous avons pris les dispositions nécessaires pour la célébration de cette cérémonie à laquelle nous assistions tous hier matin, ainsi que les autorités civiles et militaires des différentes puissances représentées à Shanghaï, et un nombre considérable de résidents de notre ville qui y avaient été conviés par M. le Consul de France.

» J'espère, Messieurs, que vous voudrez bien m'autoriser à donner les ordres nécessaires pour faire régler les dépenses qui ont été faites à cette occasion, et que le Conseil tiendra, ainsi, à donner une preuve de la haute estime que tous ses membres avaient pour l'amiral Courbet, et des regrets que leur cause sa mort prématurée. »

Le même fonctionnaire écrivait à la sœur de l'amiral le 26 juin :

« MADAME,

» Permettez-moi de remplir auprès de vous la douloureuse mission dont j'ai été chargé par l'unanimité des membres du Conseil d'administration de la concession française à Shanghaï, au nom de tous nos compatriotes, de vous transmettre l'expression de leur douleur et de leurs regrets en apprenant la mort de votre glorieux frère.

» Plus haut que tous, il avait su maintenir le prestige des armes de la France dans cette guerre lointaine, et son nom était pour nous synonyme de victoire, comme il était la terreur de l'ennemi, et le présage de sa défaite.

» Au moment même où, grâce à ses efforts, à l'influence de son génie, la paix venait d'être conclue, et le pavillon français flottait de nouveau sur nos têtes, avant d'avoir pu même recevoir la récompense éclatante qu'il avait si bien méritée et que la patrie reconnaissante se préparait à lui décerner, l'amiral Courbet succombait foudroyé.

» Vous l'avez perdu, mais la nation tout entière verse avec vous des larmes de deuil, et partage votre chagrin.

» Nous, qui avons été si près de lui pendant cette dernière campagne, et dont le cœur tressaillait à l'écho de ses hauts faits, nous venons nous joindre à vous pour le pleurer et vous dire combien profondément restera gravé dans notre mémoire le nom à jamais célèbre de l'amiral Courbet.

» Après avoir assisté à une solennelle cérémonie célébrée en grande pompe par monseigneur Garnier pour honorer les mânes de l'amiral Courbet, tombé en pleine gloire, le Conseil a écouté pieusement l'allocution prononcée par son Président, aux sentiments duquel il s'associait de tout son cœur, et il a été décidé de vous faire parvenir ces quelques paroles, dictées par l'émotion et la douleur.

» Veuillez agréer, Madame, en mon nom et au nom de tous les Français de Shanghaï, l'expression sincère des sentiments de condoléance que nous éprouvons tous pour l'irréparable malheur qui vient de vous frapper. »

M. le comte de Montmorin, chargé d'affaires de France à Vienne, écrivait à M. de Freycinet, ministre des Affaires étrangères :

Vienne, le 20 juin 1885.

« Le ministre des Affaires étrangères, que j'ai eu l'occasion de voir hier, m'a félicité en termes fort aimables de ce que la paix avec la Chine était définitivement conclue. Il a bien voulu ajouter quelques mots de condoléances à l'occasion de la mort de l'amiral Courbet. Dans la matinée du même jour, l'empereur avait eu la bonté d'exprimer au colonel de Salles, qu'il avait rencontré à une parade militaire, toutes les sympathies que lui inspiraient les regrets éprouvés par la France à l'occasion de la mort d'un officier de si haute valeur. »

D'un autre côté, le ministre de France à Tokio écrivait à M. de Freycinet :

Tokio, le 29 juin 1885.

« Je ne saurais m'abstenir de faire connaître à V. E. avec quelle douleur notre petite colonie du Japon a appris la mort si subite de l'amiral Courbet. Depuis plus d'un mois, j'insistais auprès de l'amiral, dont je savais la santé ébranlée, pour qu'il vînt prendre quelque repos à Tokio. J'étais convaincu que le changement d'air et aussi la réception cordiale qui devait lui être faite, non seulement par nos nationaux et par quelques étrangers, mais même par les officiers de la marine et de l'armée du Japon, contribueraient à son prompt rétablissement. L'amiral Courbet désirait lui-même se rendre au Japon, mais le sentiment du devoir lui faisait toujours reculer l'époque où il pourrait donner suite à ce projet. Sous la date du 1er juin, il m'annonçait que sa santé se rétablissait peu à peu. Rien ne permettait de prévoir que la France allait perdre si rapidement un de ses plus dévoués, de ses plus intelligents et de ses plus valeureux serviteurs.

» Les officiers japonais, qui espéraient pouvoir contempler sous peu notre grand marin, n'ont pas dissimulé le chagrin que sa mort leur a inspiré.

» Lorsque l'amiral Lespès arrivera au Japon, je m'entendrai avec lui sur le moyen de rendre avec un certain éclat un dernier hommage à la mémoire de l'amiral Courbet. »

Le 17 août, le consul de France à Alexandrie envoyait à M. de Freycinet la lettre suivante :

« MONSIEUR LE MINISTRE,

» Conformément à l'autorisation bienveillante qui m'avait été accordée par V. E., je me suis rendu la semaine dernière, à Port-Saïd, à la rencontre du *Bayard,* ramenant en France les cendres de l'amiral Courbet.

» J'étais accompagné, dans ce voyage, par MM. Jules Bleton et de la Pommeraye, délégués de la colonie. La couronne déposée sur le cercueil, au nom des Français d'Alexandrie, était très belle; une souscription ouverte parmi nos nationaux avait permis de réunir sans difficulté une somme d'environ mille francs. Tous frais payés, la souscription a laissé un reliquat disponible d'une centaine de francs, qui s'ajouteront tout naturellement aux sommes recueillies en France pour l'érection d'un monument en l'honneur du regretté amiral.

» Je sais que M. Saint-René Taillandier se propose d'entretenir V. E. de la cérémonie, profondément émouvante, à laquelle nous avons été conviés à bord du *Bayard;* aussi m'abstiendrai-je d'entrer dans aucun détail. Il me sera permis d'ajouter, cependant, que nos officiers de marine ont paru apprécier hautement la marque de respectueuse sympathie que les agents du département des Affaires étrangères apportaient, en cette circonstance, à la mémoire d'un de leurs chefs les plus justement estimés.

» L'effet produit n'a pas été moins favorable auprès des Autorités égyptiennes, qui ont mis beaucoup d'empressement dans leurs manifestations de deuil.

» Le commandant du *Seignelay,* notre stationnaire à Alexandrie, a droit également à des remerciements spéciaux, pour la bonne grâce avec laquelle il nous a donné passage à bord de son bâtiment et les soins qu'il a pris, afin d'entourer notre mission de toute la solennité désirable. »

Voici maintenant une lettre adressée à M. de Freycinet par M. Saint-René Taillandier, gérant l'agence et consulat général de France en Égypte, datée de Ramleh du 18 août :

« Monsieur le Ministre,

» A la nouvelle que le *Bayard,* ramenant en France les restes de l'amiral Courbet, allait passer par le canal de Suez, les colonies françaises d'Égypte ont eu le désir unanime de témoigner de leur reconnaissance et de leur admiration envers un marin qui venait de porter avec grand honneur notre drapeau dans des mers lointaines, et d'y trouver une mort glorieuse. En Égypte, plus peut-être que partout ailleurs, l'éloignement de la patrie, et surtout la lutte dans laquelle chacun de nos compatriotes se trouve plus ou moins engagé pour le maintien de notre influence, ont pour effet d'aviver le sentiment patriotique et d'effacer les divisions de partis. Aussi, les hommages qui, d'Ismaïliah à Port-Saïd viennent d'être rendus à la mémoire de l'amiral Courbet, ont-ils eu un caractère d'unanimité absolue.

» Votre Excellence ayant bien voulu m'autoriser, ainsi que M. Kléezkouski, à me rendre à Port-Saïd à l'occasion du passage du *Bayard,* je me suis embarqué le dimanche 9 de ce mois à bord d'un paquebot des Messageries, avec MM. de la Pommeraye et Bleton, délégués de notre colonie d'Alexandrie. Le commandant du *Seignelay* avait reçu l'ordre d'attendre le *Bayard* à Port-Saïd, de mettre ses vergues en pantenne dès l'arrivée de ce navire, et de tirer un coup de canon toutes les demi-heures jusqu'au moment où le *Bayard* appareillerait. Il devait alors l'escorter jusqu'au coucher du soleil et le saluer, en le quittant, d'une salve de dix-neuf coups de canon.

» Le lundi, vers dix heures du matin, le *Seignelay* mouilla devant Port-Saïd. Le gouverneur du canal, Ibrahim Pacha Tenflik, et le commandant du stationnaire égyptien, Privilegio-bey, vinrent le même jour me faire visite au consulat, où j'étais descendu. Ils m'apprirent que le kédive venait de les inviter à s'associer aux honneurs funèbres qui seraient rendus à l'amiral. Privilegio-bey avait pour instructions de se conformer en tout, jusqu'au moment de l'appareillage, à ce que ferait le *Seignelay*.

» Le mercredi 12, vers une heure après-midi, le *Bayard*, dans son appareil de deuil, déboucha lentement du canal et vint se ranger derrière le *Seignelay*, qui le salua d'un premier coup de canon, et dont les vergues, selon le cérémonial consacré, s'appliquèrent aussitôt le long des mâts.

» Le stationnaire égyptien le *Sakka* reproduisit cette manœuvre. Les divers consulats, ainsi que les navires de guerre, mirent leur pavillon en berne, et, de quart d'heure en quart d'heure, le *Bayard* fut salué d'un coup de canon tiré alternativement du *Seignelay* et du *Sakka*.

» Le lendemain matin à dix heures, conformément à ce qui avait été convenu entre les commandants de nos deux navires de guerre et moi, une messe fut célébrée à bord du *Bayard*. Je m'y rendis en uniforme avec MM. Kléezkouski, Guillois, Labrosse et les délégués des colonies françaises d'Alexandrie et de Port-Saïd. Ibrahim Pacha Tenflik et Privilegio-bey s'y rendirent de leur côté, également en uniforme, accompagnés du personnel du gouvernorat. Le commandant d'un navire anglais, mouillé dans le port, se fit représenter par un de ses officiers. L'état-major du *Seignelay* nous attendait sur le quai d'embarquement, et c'est sur les embarcations de ce croiseur que les agents français et les délégations de nos colonies gagnèrent le navire amiral. Un autel y avait été dressé sur le pont, devant l'étroit espace où, sous une sorte de tente formée de pavillons tricolores, le cercueil de l'amiral, déjà couvert de nombreuses couronnes, était déposé entre une pièce de gros calibre et le bastingage du navire. La cérémonie, rendue plus touchante par l'émotion contenue des officiers et des matelots qui avaient servi sous les ordres de l'amiral Courbet, eut un caractère inoubliable de recueillement et de dignité. Le commandant Parrayon, commandant du *Bayard,* le commandant de Maigret, chef de l'état-major de l'amiral, parurent profondément sensibles aux marques solennelles de déférence dont on entourait le souvenir de leur ancien chef. Ils en remercièrent avec effusion le gouverneur et les agents français.

» Le soir du même jour, à six heures, le *Bayard* levait l'ancre, suivi de près par le *Seignelay,* à bord duquel j'avais pris place avec M. Kléezkouski et les délégués d'Alexandrie. Au coucher du soleil, en vue du port, la salve d'adieu était tirée, et le *Seignelay,* prenant congé du *Bayard,* se dirigeait vers son mouillage habituel, où il arriva le lendemain dans la matinée.

» Aussitôt de retour à Alexandrie, je n'ai pas manqué d'aller remercier le kédive pour la courtoisie avec laquelle il avait eu soin d'associer l'Égypte aux honneurs rendus à la mémoire de l'amiral Courbet. »

Comme on vient de le voir par les citations qui précèdent, et que nous pourrions multiplier, la mort de l'amiral Courbet produisit une émotion aussi profonde à l'étranger qu'en France. Dans nos colonies surtout, où l'éloignement de la métropole a « pour effet d'aviver le sentiment patriotique et d'effacer les divisions de partis », la douloureuse nouvelle fut encore plus vivement ressentie que partout ailleurs.

II

OBSÈQUES DE L'AMIRAL COURBET

Le samedi 29 août, le train contenant le corps de l'amiral arrivait de Paris en gare d'Abbeville à trois heures trente de l'après-midi. Le cercueil était aussitôt conduit dans l'église Saint-Vulfran pour y être déposé dans l'une des chapelles latérales de droite transformée en chapelle ardente.

Le lundi 31, à cinq heures du soir, le corps de l'amiral était transporté de l'église Saint-Vulfran au catafalque élevé sur l'ancienne place du Marché-au-Blé. En tête du cortège se trouvait M. A. François, maire d'Abbeville, ayant à ses côtés les membres de la famille du défunt.

Le même jour, M. François faisait afficher la proclamation suivante :

« Mes chers Concitoyens,

» J'ai été touché du recueillement et de la dignité que vous avez montrés ce soir, pendant la translation du cercueil de notre illustre concitoyen, l'amiral Courbet, sur la place qui porte son nom.

» Merci de cette attitude si bien en harmonie avec le deuil de toute la ville.

» Que demain, pendant la cérémonie des obsèques, le même recueillement, la même dignité se fassent remarquer sur tous les points de la ville.

» L'Administration municipale ne doute pas que cet appel soit entendu de tous.

» Abbeville, le 31 août 1885, 6 h. soir.

» *Le Maire,*

» A. FRANÇOIS. »

Le même jour, la Municipalité faisait poser, en conformité de la délibération prise par le Conseil municipal le 15 juin précédent [1], une plaque de marbre noir sur la façade de la maison où est né l'amiral Courbet. Cette plaque porte, en lettres d'or, l'inscription suivante :

1. Le nom de l'amiral Courbet a été donné depuis au Collège communal d'Abbeville

DANS CETTE MAISON EST NÉ
LE 26 JUIN 1827
AMÉDÉE-ANATOLE-PROSPER
COURBET
VICE-AMIRAL
GRAND OFFICIER DE LA LÉGION D'HONNEUR
DÉCORÉ DE LA MÉDAILLE MILITAIRE
COMMANDANT EN CHEF DE LA FLOTTE FRANÇAISE
DANS LES MERS DE CHINE
MORT LE 11 JUIN 1885
A BORD DU VAISSEAU AMIRAL
« LE BAYARD »
A MAKUNG (ILES PESCADORES)

PLAQUE COMMÉMORATIVE POSÉE
EN EXÉCUTION DE LA DÉLIBÉRATION
DU CONSEIL MUNICIPAL D'ABBEVILLE
LE 15 JUIN 1885

Le service religieux eut lieu le mardi 1er septembre, en l'église Saint-Vulfran. Il était plus d'une heure lorsque le cortège, qui était allé chercher le corps sur le catafalque élevé sur la place de l'Amiral-Courbet, entra à Saint-Vulfran. C'est Mgr Jacquenet, évêque d'Amiens, qui a dit la messe et donné l'absoute. Mgr Freppel, évêque d'Angers, s'était chargé de prononcer l'oraison funèbre du héros de Foutchéou; rarement l'éloquent prélat s'est montré mieux inspiré.

Il était quatre heures lorsque fut terminé le service religieux. Le cortège se reforma sur le parvis de Saint-Vulfran et se dirigea vers le cimetière, où devait avoir lieu l'inhumation de Courbet, en passant par la rue des Lingers, la place du Pilori, la place Saint-Pierre, la rue des Capucins, la chaussée Marcadé et l'avenue de la Chapelle. Une foule immense, que l'on a évaluée à plus de cinquante mille personnes, emplissait les rues.

Cette imposante cérémonie restera longtemps gravée dans le souvenir de ceux qui en ont été les témoins.

Il était cinq heures et demie quand la tête du cortège fit son entrée dans le cimetière. Le ministre de la Marine, son état-major et toutes les autorités se placèrent à gauche de la fosse.

Après que les dernières prières des morts furent dites, l'amiral Galiber prononça l'allocution suivante :

« MESSIEURS,

» Il y a quelques semaines, sur la rade de Makung, théâtre de leur dernier combat, les équipages de l'escadre de l'extrême-Orient étaient réunis pour dire un suprême adieu à celui qui avait su leur inspirer une confiance si absolue et qui les avait conduits si souvent au succès.

» La douleur muette et profonde, les larmes de ces hommes qui, sur un mot de Courbet, n'auraient pas hésité à courir à la mort, en disent plus que les paroles les plus éloquentes sur la perte que vient de faire la France.

» Dans cette ville, devant cette tombe encore ouverte, au milieu de vous, Messieurs, à l'émotion patriotique ressentie par le pays tout entier, vient se joindre la douleur de la perte de l'homme, de la perte de l'ami.

» A vous, qui tous l'avez connu, qui tous l'avez aimé, je ne saurais avoir à vous rappeler sa vie, à vous retracer ses exploits.

» Sur la dunette de nos navires se détachent en lettres d'or ces mots : *Honneur et Patrie.* C'est la devise de Courbet. Bravoure, dévouement, esprit d'abnégation et de sacrifice, ne sont-ce pas les vertus qui ont brillé chez lui d'un si vif éclat ?

» Son nom, pendant deux ans, a fait vibrer une génération tout entière. Au bruit de ses succès, une sorte de frémissement a passé sur la France, a fait tressaillir tous les cœurs, jeunes et vieux. Et, comme un reflet de cette grande impression, est-ce que l'on n'a pas vu l'ancre, à la fois symbole de la marine et de l'espérance, se montrer jusque sur le front et sur la poitrine des enfants ?

» Cette marque s'incrustera dans le cœur de cette génération de l'avenir ; elle y laissera certainement l'empreinte des vertus de l'amiral et viendra consacrer une fois de plus toute la puissance des grands exemples.

» Oui, la mémoire de Courbet restera belle, parce que sa gloire repose avant tout sur les grands sentiments du devoir. Ils ont soutenu sa vie et ses derniers moments ; ils ont persisté jusqu'à son dernier souffle.

» Chez nous tous, Messieurs, s'éveille devant cette tombe l'idée d'une récompense dont nous ne savons point ici-bas mesurer la grandeur. Et, dans ce jour de deuil, où nous sommes avides d'opposer une consolation à nos regrets, cherchons-la dans cette espérance, qui est le plus grand hommage que nous puissions offrir au grand cœur que la France a perdu.

» Adieu, Courbet ! Ta mémoire, ton exemple resteront toujours gravés au plus profond de nos âmes, comme ton nom glorieux restera toujours inscrit sur les pages de notre histoire. »

A la suite de ce discours, M. A. François, maire d'Abbeville, s'avance à son tour au bord de la fosse et prononce les paroles suivantes, qui, dans leur brièveté, en disent autant qu'un plus long discours.

« MESSIEURS,

» Me conformant au désir exprimé par la famille, je n'ai pas l'intention de prononcer un discours. Mais il m'a semblé que, comme maire de la ville qui a vu naître Anatole Courbet, je devais assumer le douloureux honneur d'adresser, au nom de la cité en deuil, le dernier adieu au plus glorieux de ses enfants.

» A quoi bon, d'ailleurs, un discours ? Le silence recueilli qui nous environne, les larmes qui sont dans tous les yeux, la tristesse qui est dans tous les cœurs, et l'émotion dont nous ne pouvons nous défendre ne sont-ils pas le plus éloquent des discours ?

» Quand l'écho lointain venu des mers de Chine nous apportait les nouvelles du glorieux amiral, un frémissement d'enthousiasme agitait nos poitrines. Le canon de Foutcheou, de Sontay, de Thuan-An, de Kelung, des Pescadores, allait jusqu'au cœur de la vieille cité abbevilloise, et la ville de Ringois palpitait d'orgueil en songeant que c'était encore à un de ses enfants, que c'était à Anatole Courbet que la France devait aujourd'hui un des regains de sa vieille gloire et de son antique renommée de bravoure et de loyauté.

» La paix était signée. Déjà, nous nous demandions, heureux, quelle fête, quelle réception enthousiaste nous pourrions faire à notre illustre concitoyen. Hélas ! la joie s'est changée en larmes : le *Bayard* ne nous a ramené qu'un cercueil, et c'est devant la froide dépouille du marin sans peur et sans reproche que nous nous inclinons aujourd'hui.

» Adieu, Courbet, fils aimé de notre ville ! La France entière pleure en toi un héros sur lequel elle comptait.

» Abbeville ne peut se consoler d'avoir perdu son enfant le plus cher, celui qu'elle montrera toujours à ses autres enfants comme un modèle à suivre et à imiter.

» Et, c'est le cœur serré par une profonde angoisse que je viens au bord de ta tombe apporter l'expression de la douleur de tes concitoyens, de tes amis d'enfance, et te dire l'éternel adieu !

» Dors en paix, Courbet, dans ce champ de repos qui abrite le dernier sommeil de tes pères, de tes aïeux.

» Abbeville en larmes veille sur ton sommeil, et, si quelque danger venait à menacer le pays, c'est auprès de ta grande ombre que nous voudrions apprendre comment on sait combattre et mourir pour la France.

» Adieu, vaillant amiral, adieu ! »

Le Conseil municipal avait ouvert un large crédit pour que l'inhumation de l'amiral Courbet reçût le plus d'éclat possible. L'Administration municipale s'est acquittée de ce soin à la satisfaction de tous.

Le 6 septembre, M. le Maire recevait la lettre suivante :

« Monsieur le Maire,

» Madame Cornet-Courbet, sous l'impression de la sympathie si grande qu'elle a rencontrée, me prie de vous dire combien sont profonds ses sentiments de reconnaissance pour ses concitoyens, qui ont honoré d'une façon si grandiose, la mort de l'amiral Courbet, son frère.

» Le patriotisme le plus sincère éclatait partout, et, au milieu du deuil général, le recueillement de tous disait bien haut la perte irréparable que venait de faire la France.

» La ville d'Abbeville, comprenant cette grande douleur, a voulu, par des funérailles sans exemple, apprendre aux jeunes générations comment, après la mort, se récompensent l'honneur, le courage et le dévouement au pays.

» Permettez-moi, au nom de madame Cornet et au nom de la famille entière, de vous remercier du fond du cœur, et veuillez, je vous prie, exprimer nos vifs remerciements de gratitude à votre Conseil et à vos Concitoyens.

» Recevez, monsieur le Maire, etc.

» Colonel A. POULARD. »

III

MONUMENT ÉLEVÉ A L'AMIRAL COURBET

C'est le 15 juin 1885, avons-nous vu plus haut, que M. A. François, maire d'Abbeville, prenait l'initiative d'ouvrir une souscription nationale, afin d'élever une statue à l'amiral Courbet dans sa ville natale. A cet effet, un comité fut institué le 16 juin; il se composait de :

MM. A. FRANÇOIS, maire, Président;
Général DESPLANQUE, Vice-Président;
MONCHAUX, Trésorier;
A. DE POILLY, Secrétaire;
E. BREMONT, Vice-Secrétaire;

Et MM. LABITTE, sénateur; Albert CARETTE et DE DOUVILLE-MAILLEFEU, députés; C. LE COUSTELLIER, É. DELIGNIÈRES, E. PRAROND et tous les CONSEILLERS MUNICIPAUX, Membres.

Un comité général s'étant formé à Paris, sous la présidence du vice-amiral de Dompierre d'Hornoy, le comité d'Abbeville demanda à se fondre dans celui de Paris, ce qui fut accepté, et MM. A. François, P. Labitte, A. Carette et C. le Coustellier furent admis, à l'unanimité, à faire partie du comité général.

Le vendredi 3 juillet, M. de Dompierre d'Hornoy réunissait chez lui les membres du Comité et prononçait l'allocution suivante :

« MESSIEURS,

» En ouvrant la séance, je suis heureux de vous annoncer que le ministre de la Marine a définitivement accepté la présidence d'honneur du comité.

» Si les promoteurs de cette œuvre ont le regret de ne pas avoir reçu quelques adhésions sur lesquelles ils avaient cru pouvoir compter, ils peuvent se féliciter d'avoir trouvé un concours unanime dans la presse de toutes les nuances, et d'avoir pu former une liste composée des noms les plus honorables pris dans tous les partis.

» Ils ont ainsi rempli la première partie de leur programme en montrant au pays qu'ils veulent faire acte de patriotisme et non pas de politique.

» Le comité peut maintenant procéder à sa mission; il peut appeler la France entière à rendre hommage à l'un de ses plus nobles fils, mort, pour ainsi dire, sur le champ de bataille après avoir illustré la marine et la France, par des combats répétés et toujours victorieux, malgré des difficultés de tout genre.

» Ce n'est pas le moment de refaire l'histoire de la vie de ce grand marin, de redire ce qui s'écrit en ce moment dans la presse non seulement de notre pays, mais encore du monde entier.

» Permettez, cependant, à un vieux marin qui a passé de longues années côte à côte avec l'amiral Courbet, de vous dire qu'il s'agit de rendre hommage à un grand homme; je dis grand avec toute la force que notre langue peut donner à ce mot.

» L'amiral Courbet avait toutes les supériorités : celles de l'esprit et celles du cœur;

» Tous les courages, devant le danger comme devant les responsabilités;

» Tous les dévouements : d'abord et avant tout à la patrie, puis à ses subordonnés, qu'il considérait comme ses enfants, enfin à ses amis et à sa famille.

» C'était un grand caractère.

» Si Dieu avait prolongé sa vie, quels services il eût pu rendre au pays! quels honneurs il eût apportés à la France!

» Aussi la patrie le pleure, la patrie vous demande de recueillir l'expression de sa pensée et de lui élever ce monument sur lequel il faudra mettre : *la France à Courbet.* »

La souscription était à peine ouverte que plusieurs journaux de Paris et même différents membres du Comité central émirent l'avis de faire élever le monument de Courbet sur l'une des places de la capitale. Cette prétention fut fort mal accueillie ici.

Le Comité d'Abbeville, vivement ému, fit des démarches pour que ce projet fût repoussé.

Le 18 juillet, M. de Dompierre d'Hornoy écrivait à M. A. François :

« Monsieur le Maire,

»... Vient ensuite la question de l'emplacement du monument.

» Le Comité a réservé cette décision, et c'est justement pour la séance où elle sera prise que la présence des membres appartenant à la cité d'Abbeville sera nécessaire. J'ai promis formellement de plaider pour placer le monument à Abbeville et je maintiens ma promesse, mais je ne puis engager la décision du Comité, que je crois, cependant, favorable en grande partie à cette idée... »

Toutefois, malgré les termes rassurants de cette lettre, le Comité d'Abbeville, tenant compte du désir de ses compatriotes, — désir qu'il partageait, du reste, — fit tous ses efforts pour obtenir que le monument de l'amiral fût érigé dans sa ville natale.

Le 17 novembre avait lieu à Paris la réunion plénière des membres du Comité ; il y fut décidé que la souscription serait close le 31 décembre, que le monument serait élevé sur la principale place d'Abbeville, et que l'exécution en serait confiée, pour la sculpture, à MM. Falguière et Mercié, et, pour l'architecture, à M. P. Pujol. La principale question était donc tranchée dans un sens favorable à Abbeville.

Le 14 janvier 1886, M. A. François recevait du président du Comité une lettre dans laquelle ce dernier l'informait que la souscription, close depuis le 1er du même mois, avait produit environ cent cinquante mille francs, déduction faite des frais d'administration.

A cette somme importante, recueillie dans un délai de cinq mois, il convient d'ajouter le produit de la souscription d'Abbeville, celui d'administrations et industries diverses, dont l'ensemble total s'est élevé à 220.000 francs.

L'exécution du monument ne fut terminée qu'en 1890. Dès lors, la municipalité s'occupa des mesures à prendre pour donner le plus d'éclat possible aux fêtes qu'elle résolut d'organiser pour l'inauguration de ce monument. Voici le programme qui fut affiché sur les murs de la ville :

INAUGURATION DU MONUMENT

DE

L'AMIRAL COURBET

Fêtes des 15, 16 et 17 Août 1890

PROGRAMME :

Jeudi 14 *Août, à huit heures du soir,* Salve d'artillerie.

Vendredi 15 *Août, à six heures du matin,* Salve d'artillerie.

Grand Concours de Musiques d'Harmonies, de Fanfares et d'Orphéons, sous la présidence d'honneur de M. Massenet, membre de l'Institut.

A neuf heures, Réception des Sociétés musicales à l'Hôtel de Ville. — Vin d'honneur.

A midi, Réunion de toutes les Sociétés musicales sur la promenade du Canal de Transit.

A midi et demi, Départ du Cortège, 3,000 Musiciens et Chanteurs.

Défilé par les rues Saint-Jean-des-Prés, Saint-Vulfran, Pont-aux-Brouettes et place de l'Amiral-Courbet des diverses Sociétés, qui se rendront directement aux emplacements désignés pour les Concours.

A une heure, Concours d'Exécution suivi du Concours de Soli :

Pour les musiques d'Harmonies, au Champ-de-Foire ;

Pour les Fanfares, à la place Saint-Pierre, au Marché-aux-Chevaux, à la Porte-du-Bois et à la Porte-Marcadé ;

Pour les Orphéons, au Théâtre et au Manège de cavalerie.

A neuf heures, Brillantes illuminations.

A dix heures, Grands Bals sur différentes places.

Samedi 16 *Août, à six heures du matin,* Salve d'artillerie.

A la même heure, Concours de Gymnastique dans la prairie Malicorne.

A une heure, à la Porte-Marcadé, Réunion des Sociétés de Gymnastique ; grand Défilé (500 gymnastes) par la chaussée Marcadé, la rue des Capucins, la place Saint-Pierre, la rue des Lingers et la place de l'Amiral-Courbet où la Cantate : A. COURBET, paroles de M. Eug. Brieux, musique de M. Alexandre Georges, sera exécutée sous la direction de M. Georges par 280 Orphéonistes. Après la Cantate, continuation du Défilé par le Pont-aux-Brouettes, les rues Saint-Vulfran et de la Portelette et faubourg de la Portelette.

Dans la prairie Malicorne, Exercices et Mouvements d'ensemble par tous les Gymnastes.

Pendant la Fête, la Musique municipale, la musique du Comptoir de l'Industrie linière et la Fanfare du 3e Chasseurs se feront entendre.

A l'issue de la Fête, Distribution des Récompenses aux Sociétés de gymnastique.

A deux heures, Concours d'honneur :

Au Champ-de-Foire, pour les musiques d'Harmonie ;

A la place Saint-Pierre, pour les Fanfares ;

Au Théâtre, pour les Orphéons.

A huit heures, sur la place Saint-Pierre, Distribution solennelle des Récompenses aux Sociétés musicales.

Salve d'artillerie. Illuminations et Bals.

Dimanche 17 *Août, à six heures du matin,* Salve d'artillerie.

A sept heures, au Stand de l'*Abbevilloise,* Concours de Tir, en délégation des Sociétés de gymnastique.

A neuf heures, au Marché-aux-Chevaux, Courses de Vélocipèdes et Courses à pied, organisées sous le patronage de la Municipalité.

Autres Courses à pied, pour le Championnat du Nord, organisées par la Société de gymnastique l'*Abbevilloise*.

A l'issue des Courses, Distribution des Récompenses.

A dix heures, à l'Hôtel de Ville, Réception des Sapeurs-Pompiers du département de la Somme.

A onze heures, Réception des Ministres à la Gare.

A onze heures quinze, dans la cour de la Gare, Lâcher de 1,000 pigeons.

A une heure, Inauguration du Monument élevé à la mémoire de l'amiral Courbet, par souscription nationale.

Exécution par 300 choristes et instrumentistes, de « l'Hymne funèbre et triomphal », paroles de Victor Hugo, musique de Charles Lenepveu.

A trois heures, à la prairie Malicorne, Grand Carrousel académique et militaire, organisé par le 3e régiment de Chasseurs.

A six heures, Banquet offert au Ministre à la Halle aux Toiles.

A neuf heures, Salve d'artillerie.

A dix heures, Grand Feu d'artifice au Champ de Mars.

Brillantes illuminations et Bals sur différentes places.

Une Exposition Indo-Chinoise des collections recueillies par M. Charles Lemire, résident de France en Annam, sera ouverte dans la Serre aux Camélias (jardin public), sous les auspices de la Municipalité, du 14 au 24 Août. — Il sera perçu un droit d'entrée de 0,25 cent. par personne au profit des incendiés de la Martinique.

—

Des trains supplémentaires et à prix réduits seront organisés par la Compagnie du Chemin de fer du Nord pendant la durée des fêtes.

Fait en l'Hôtel de Ville, le 30 Juillet 1890.

Le Maire d'Abbeville,

Député de la Somme,

A. FRANÇOIS.

Le 2 août, M. le Maire adressait à ses administrés la communication suivante :

« MES CHERS CONCITOYENS,

» Dans quelques jours commenceront les fêtes données à Abbeville à l'occasion de l'inauguration du monument de l'amiral Courbet.

» En présence de ce monument élevé par la France entière à la gloire de notre illustre concitoyen, nous sentons renaître, plus vivace, notre admiration pour le brave marin ; nous éprouvons une nouvelle joie patriotique au souvenir des hauts faits d'armes accomplis par lui dans l'extrême-Orient à l'ombre du drapeau français ; nous nous rappelons enfin, non sans une vive émotion, cette vie toute d'abnégation, de dévouement au pays, couronnée par la fin la plus belle et la plus glorieuse.

» C'est à Abbeville, où est né l'amiral Courbet, qu'a échu l'honneur de posséder ce beau monument. La municipalité, fière de cet honneur, et soucieuse de montrer tout le prix qu'elle y attache, s'est efforcée de donner à la cérémonie d'inauguration un éclat digne tout à la fois de notre grand concitoyen, de la ville d'Abbeville et de ses invités.

» Que, dans chaque quartier, dans chaque rue, les habitants secondant les efforts de la municipalité, s'entendent et s'unissent pour rendre un solennel hommage au héros dont tous nous avons à cœur de célébrer dignement la mémoire.

» *Le Maire d'Abbeville, Député de la Somme,*

» A. FRANÇOIS. »

L'appel de M. le Maire fut entendu et, dans chaque quartier, grâce à l'initiative privée, on vit s'élever des arcs de triomphe rivalisant de grâce et d'élégance.

Pendant trois jours, une foule énorme d'étrangers se pressait dans les rues d'Abbeville ; jamais cette cité n'avait offert un tel spectacle et peut-être ne sera-t-il jamais renouvelé dans ses murs.

C'est le dimanche 17 août, par le train de 11 h. 15, que M. Barbey, ministre de la Marine, et le commandant de Maigret, représentant le Président de la République, firent leur entrée à Abbeville. Le cortège officiel se forma aussitôt pour se rendre à la sous-préfecture. Un piquet de chasseurs à cheval ouvrait la marche. Dans la première voiture avaient pris place, avec M. le Ministre de la Marine, M. A. François, maire et député d'Abbeville, M. le commandant de Maigret et M. Allain-Targé, préfet de la Somme. Dans une dizaine d'autres voitures se trouvaient tous les personnages composant le cortège officiel.

A une heure, la place de l'Amiral-Courbet était envahie par une foule considérable, désireuse d'assister à la tombée du voile qui couvrait la statue, mais voulant aussi voir les orateurs et entendre leurs discours.

C'est M. le Ministre de la Marine qui prononça le premier discours.

« Messieurs,

» Le 11 juin 1885, à bord du *Bayard,* qui portait son pavillon, entouré de son fidèle lieutenant, le contre-amiral Lespès, des commandants de l'escadre et des officiers de son état-major, l'amiral Courbet rendait le dernier soupir.

» Tandis que ces vaillants capitaines, impuissants pour la première fois à maîtriser leur émotion, se livraient à la violence de leur douleur et ne cherchaient plus à dissimuler leurs larmes, le bruit de sa mort se répandait avec la rapidité de la foudre, parmi les troupes et les équipages placés sous ses ordres.

» Il était environ huit heures du soir. Les chants des matelots réunis sur le pont cessèrent aussitôt. Un grand silence s'étendit comme un voile de deuil sur la rade de Makung. La perte irréparable d'un chef adoré venait de suspendre, pour ainsi dire, la vie de cette flotte qu'il avait, pendant deux ans, animée de son génie et habituée à la victoire.

» Et comment n'auraient-ils pas été abattus, consternés, ces compagnons d'armes de Courbet? Ne leur avait-il pas inspiré une confiance sans bornes? Avare de leur sang, n'avait-il pas su, par sa prévoyance autant que par son intrépidité, mener à bonne fin les entreprises les plus hardies avec le minimum possible de sacrifices? Sa gloire n'avait-elle pas rejailli sur chacun d'eux? Et sous l'aspect sévère du chef absolu, inflexible pendant l'action, ne leur avait-il pas montré, dans les moments d'épreuve, la sollicitude et l'affection d'un père?

» Cette tristesse profonde, qui avait envahi le cœur de tous ces braves gens et dont plusieurs d'entre nous, Messieurs, ont été les témoins inconsolables, ne devait pas rester circonscrite au corps expéditionnaire ni à l'escadre de l'extrême-Orient. Elle fut partagée par notre armée et notre marine, toujours si étroitement unies dans les bons comme dans les mauvais jours; et, lorsque la mort inattendue de l'amiral fut communiquée aux représentants de la nation, ceux-ci, d'un mouvement spontané, unanime, levèrent la séance en signe de deuil.

» Le pays s'associa à cette manifestation patriotique. Il connaissait l'amiral Courbet. Il lui était reconnaissant d'avoir relevé le prestige de nos armes dans ces pays lointains et donné à nos troupes de terre et de mer la conscience de leur valeur en ramenant le succès sous nos drapeaux.

» Il s'était fait comme une légende autour de lui. Dans les plus riches demeures, comme aux plus humbles foyers, ces noms étranges qu'il avait illustrés par des exploits : « Thuan-An », la porte de Hué si brillamment enlevée après un débarquement qui restera comme un modèle dans les annales de la marine ; « Son-Tay », dont les forts défendus par les Pavillons-Noirs, tombèrent sous nos coups après deux jours de combats acharnés ; « Fout-chéou », le grand arsenal chinois, détruit avec la flotte qu'il renfermait, malgré les obstacles accumulés à son entrée, et les ouvrages formidables étagés sur la rivière Min ; « Formose », dont le blocus pendant le plus rude hiver, donna la mesure de la fermeté d'âme du commandant en chef, de l'endurance et de la discipline de ses marins ; enfin « Sheïpoo », où deux canots torpilleurs, montés par des officiers et des hommes d'élite, coulèrent deux frégates ennemies après une lutte corps à corps dont le récit frappe encore l'imagination comme un écho des temps héroïques.

» C'est au moment où il terminait cette brillante épopée, où, la paix étant signée, Courbet allait rentrer en France, qu'il succombe aux atteintes d'un mal auquel il résistait depuis longtemps avec un courage stoïque. Il mourut sans se plaindre, avec la satisfaction suprême d'avoir accompli sa tâche jusqu'au bout et d'avoir bien servi son pays.

» Il ne nous fut pas permis de faire à Courbet vivant l'accueil triomphal qu'il avait mérité. Mais ses restes mortels, pieusement ramenés sur le *Bayard* par son chef d'état-major, qui représente ici le chef de l'État, et transportés dans sa ville natale, où ils reposent, furent l'objet des plus touchantes démonstrations. Les populations se pressaient sur le passage du cortège, déposaient des couronnes sur le cercueil. D'innombrables délégations accoururent de tous les points du territoire, pour rendre à l'amiral un dernier et solennel hommage. Les cérémonies funèbres qui se succédèrent à Paris et à Abbeville ont laissé chez tous ceux qui y ont assisté un souvenir ineffaçable. C'est la France entière qui mena le deuil à ses funérailles.

» C'est elle, Messieurs, qui a voulu élever ce monument à sa mémoire. Une souscription nationale, ouverte sur l'initiative de ses amis, fut bientôt couverte de signatures et les fonds réunis en quelques semaines.

» Au nom du gouvernement de la République et au nom de la Marine, je remercie l'honorable M. François, maire d'Abbeville, et son Conseil municipal, l'amiral de Dompierre d'Hornoy, les officiers de terre et de mer, les sénateurs et les représentants de la presse, tous ceux enfin qui ont présidé les comités d'organisation ou qui en ont fait partie. J'adresse aussi mes remerciements, avec le témoignage de mon admiration, aux deux éminents artistes qui ont taillé dans le marbre la figure de l'amiral. — J'ai nommé Falguière et Mercié.

» De leur collaboration avec un architecte très distingué, M. Pujol, est sortie l'œuvre vivante et superbe qui se dresse devant nous.

» C'est bien lui, tel que l'ont vu ceux qu'il menait

au combat, tel que les générations futures aimeront à se le représenter. Il est debout sur la dunette de son vaisseau. Les plans ont été conçus et préparés avec cette méthode, cette précision dont il avait le secret. Il a tout prévu, tout combiné dans les moindres détails. Et maintenant, l'heure de l'action a sonné. Ces milliers d'hommes, auxquels il va communiquer le feu qui le consume, bravent la mort sans hésitation pour se montrer dignes de lui : son visage austère s'est illuminé ; ses yeux fouillent l'horizon ; d'un geste souverain, il domine les éléments et dirige la bataille, tandis que la Victoire le guide en souriant vers l'immortalité.

» Oui, Messieurs, le nom de Courbet sera immortel. Ce nom, que nous acclamons en ce moment, qui rayonne au-dessus de tous les partis, qui unit dans un élan de reconnaissance et de fierté légitime tous les cœurs français, restera désormais le symbole des plus hautes vertus militaires, du dévouement sans réserve au devoir et du plus pur patriotisme ».

M. l'amiral de Dompierre d'Hornoy, président du Comité, prit ensuite la parole en ces termes :

« A la vue de cette multitude imposante accourue de tous les points de la France pour rendre un éclatant hommage à l'un de nos plus illustres citoyens, je suis fier de mon pays, je suis fier de votre cité.

» Les nations qui ont le culte des grandes actions

de leurs enfants, qui les signalent à la vénération des générations à venir par des monuments dans lesquels le génie artistique se surpasse, ces nations, dis-je, assurent leur grandeur future, en semant dans l'âme de la jeunesse les germes des plus nobles vertus.

» Lorsque les gouvernements honorent, comme aujourd'hui, les grandes manifestations, en se mettant à leur tête, ils fondent des digues contre le torrent des mauvais jours, dont nul n'est exempt, et se préparent des retours brillants.

» Aussi, mon premier devoir est de remercier M. le Président de la République de s'être fait représenter par un des officiers de sa maison, le capitaine de vaisseau de Maigret, l'un des officiers de Courbet en Chine, ainsi que M. le Ministre de la Guerre d'avoir suppléé à son absence par la présence du général de Cools, le commandant en chef du 2me corps d'armée, déjà si apprécié, si aimé dans son gouvernement; enfin, cette fête, en l'honneur d'un marin, pouvait-elle être plus dignement présidée que par le ministre de la Marine lui-même? Le gouvernement a pris ainsi, sous son égide, cet élan patriotique acclamant les hautes vertus militaires de l'illustre, à tout jamais, amiral Courbet.

» Avant tout, j'appelle la reconnaissance du pays sur les milliers de souscripteurs empressés d'apporter leur contingent à l'hommage rendu à Courbet, les âmes généreuses de tous rangs, de toute fortune, de tout parti, depuis le soldat et le marin jusqu'aux sommités de nos armées de terre et de mer, depuis l'ouvrier et le paysan jusqu'aux plus hauts fonctionnaires, tous ont voulu y prendre part; un livret en a publié les listes et restera comme le livre d'or de notre patriotisme.

» Honneur aussi à ces deux sculpteurs, MM. Falguière et Mercié, à ce jeune architecte, M. Pujol, qui dotent la France d'une des œuvres les plus artistiques du siècle. Avec quel génie ils ont fait sortir de ces blocs énormes descendus des montagnes de Carrare les pensées les plus nobles et les plus belles!

» Voyez cette Victoire montrant le chemin de la gloire au héros; elle est de Falguière, et son ciseau s'est surpassé. A l'avant du *Bayard,* admirez cette personnification de la pensée principale de la mission de l'amiral! La France portant la civilisation en Orient; elle prend sous sa protection ces malheureuses nations, victimes d'un affreux despotisme; l'une d'elles se précipite et sort des flots pour se jeter à ses pieds.

» Je m'arrête, l'œuvre de Mercié trouverait en moi un commentateur au-dessous de son talent.

» Enfin, levez les yeux au-dessus de cet ensemble magnifique; voici notre héros, il est debout sur son banc de quart, calme, énergique, dans l'attitude inspirée et froide de l'homme de guerre dirigeant le combat.

» Merci, monsieur Falguière, vous nous avez rendu Courbet. Merci aussi, monsieur Pujol, de tous ces détails qui, sous la direction de ces deux grands maîtres, complètent si bien le chef-d'œuvre.

» Merci enfin, amiral Galiber, de ces canons de bronze, trophées des victoires de notre grand camarade. Grâce à vous, ils sont venus s'échouer à ses pieds, témoins impérissables de ses conquêtes.

» Je voudrais, devant ce glorieux monument, vous parler de Courbet et vous rappeler son illustre vie; il faudrait être Plutarque et je ne suis qu'un matelot; néanmoins, j'ouvre la brèche, de plus capables y passeront après moi.

» Le grand honneur que m'ont fait les souscripteurs en me mettant à la tête de leur Comité, mes longues et intimes relations avec Courbet, l'admiration que j'ai conservée pour ses hautes qualités, son courage et son caractère, m'en font un devoir et je commencerai par un exposé succinct de la souscription.

» Le 11 juin 1885, l'amiral Courbet succombait comme il avait vécu, en héros chrétien.

» Les fatigues du commandement avaient amené la maladie; la maladie fit succomber le corps, mais, jusqu'au dernier moment, l'âme resta dans toute sa force, et le grand homme donna l'exemple d'une belle mort à la suite d'une vie brillante.

» La nouvelle de cette mort plongea la France dans le deuil; de toutes parts s'éleva l'idée patriotique d'une souscription pour lui élever un monument.

Deux grands journaux, le *Gaulois* et le *Siècle*, se firent les premiers les interprètes de cette pensée; en même temps, un groupe de députés, présidé par mon honorable collègue et ami, le baron de Mackau, se réunit et décida la création d'un Comité pour recevoir les dons et diriger l'œuvre. Ce comité me fit l'honneur de me nommer son président ; j'étais bien petit pour une telle charge; cependant, l'amitié que, depuis trente ans, j'avais vouée à Courbet, la haute estime que de longues campagnes parcourues ensemble m'avait donné des qualités éminentes qui en firent le marin le plus remarquable des temps modernes, enfin, le patriotisme qui commande à tous d'honorer la mémoire de ces hommes qui attestent par leurs vertus la vitalité de notre chère France, tout m'en faisait un devoir, j'obéis.

» N'étais-je pas d'ailleurs puissamment secondé par ce Comité d'élite, où l'on retrouve les noms des grandes notabilités du Sénat, de la Chambre, de nos armées de terre et de mer, enfin de la presse, qui sonnait le rappel avec cette force qu'elle aura toujours pour une noble cause ? Aussi les souscriptions affluèrent et, dès 1886, il fut possible d'en prévoir les résultats. Dès lors, il fallut songer à la réalisation du projet. Les artistes ne manquent pas en France ; le choix seul en était difficile. Celui du Comité s'arrêta sur deux sculpteurs d'un talent incontesté et dont les œuvres sont à la tête de toutes les expositions : MM. Falguière et Mercié acceptèrent ses offres et firent adopter le marbre de Carrare pour la matière à employer. Le Comité décida, en même temps, que le monument serait placé à Abbeville, lieu de naissance du héros, et qui se montre aujourd'hui si digne de cet honneur par la magnificence de ces fêtes.

» Il sera là sous la garde de sa famille et de ses concitoyens ; où serait-il mieux placé ? Paris le demandait. Mais n'est-il pas juste que la province réclame les statues de ses enfants ?

» L'œuvre est enfin terminée et l'art possède une merveille de plus. Quelque belle qu'elle soit, elle n'est pas au-dessus de la grandeur du héros.

» J'ai connu Courbet pendant trente ans. Je l'ai eu sous mes ordres pendant de longues campagnes. Je l'ai étudié à fond, entraîné non seulement par l'affection que je lui avais vouée, mais surtout par la conviction de ses grandes qualités et j'affirme que, si les circonstances avaient mis à l'épreuve sa grande valeur, ses rares vertus, son savoir acquis par de longs travaux, il eut étonné le monde par ses qualités d'homme de guerre.

» Non, jamais je n'ai connu un chef aussi complet.

» La mort prématurée de son père le laissant presque livré à lui-même, sa nature ardente eût pu le faire dévier, mais, à son premier écart, il rencontre la main ferme d'un frère ; il le comprit, jura d'être toujours à la tête de ses classes, tint parole et entra le cinquième à l'École polytechnique.

Là se développèrent ses instincts de mathématicien, et, son rang de sortie lui permettant le choix de sa carrière, il ne trouva que la marine à la hauteur de ses idées d'avenir. De longues campagnes sur des bâtiments à voile dans les mers de Chine et du Levant lui donnèrent, dès ses débuts, la pratique et la science de la marine. Plus tard, il se fit artilleur à l'école des canonniers et tacticien dans l'escadre de l'amiral Bouët, qui le prit parmi ses aides de camp et le fit nommer plus tard capitaine de frégate.

» Quand je fus assez heureux pour prendre ce jeune officier supérieur pour mon chef d'état-major, c'était déjà un homme de mer complet; les événements, son travail et sa riche nature, en firent bientôt un *marin hors ligne*. C'était en 1867. Nous prenions une division composée des derniers types des cuirassés d'alors et le ministre de la Marine, l'amiral Rigault de Genouilly, me la confiait, surtout dans le but d'étudier cette marine nouvelle. Ce n'était pas une sinécure ; nous étions au début de ce bouleversement, amené par les progrès de la science, dans le matériel de la flotte resté le même, à peu près, depuis près de deux siècles. Le bâtiment amiral la *Ville de Paris*, que je conduisais sous les batteries de Sébastopol, en 1854, avait été mis sur les chantiers avant la première Révolution.

» Les machines détrônaient la voile; la vapeur remplaçait la force et l'adresse de nos matelots, qui regardaient avec tristesse la place vide de ces grandes mâtures, théâtre des exploits de nos gabiers.

» Dans la construction, le fer succédait au bois, et de pesantes cuirasses cherchaient en vain à créer des abris contre la pénétration du boulet grossissant chaque jour et sans cesse perfectionné ; le canon se rayait, décuplait son poids pour résister aux foudroyantes charges nouvelles ; enfin, l'éperon de l'antique galère renaissait et se plaçait à l'avant du cuirassé, et combien d'autres changements ? Tout était donc à refaire, à créer, à étudier ; manœuvre, balistique, tactique.

» Quelle bonne fortune ce fut pour moi de rencontrer alors un officier aussi complet que Courbet ! Comme il travailla pendant nos deux années d'escadre ! Quels services il rendit et comme je l'appréciai ! En 1870, il commandait un bâtiment aux Antilles, tandis que je le regrettais, enfermé dans les murs de Paris ; il m'eût été si précieux pour la défense pendant le siège ! Aussi, dès que je parvins au ministère, ce fut le premier capitaine de vaisseau que je nommai. Sa réputation se faisait ; à la suite de l'invention des torpilles, on créa une école de torpilleurs, et c'est à lui qu'en fut confiée l'organisation, et c'est lui qui, à Foutchéou, montra plus tard le parti que l'on pouvait tirer contre l'ennemi de ce formidable engin !

» En 1877, le commandement de l'escadre de la

Méditerranée m'ayant été confié, ce fut Courbet que je demandai pour chef d'état-major, et je l'appréciai peut-être encore plus que par le passé. Le 8 août 1880, après être resté deux ans dans l'escadre, il fut nommé gouverneur de la Nouvelle-Calédonie ; et, là, il ajouta aux qualités dont il avait fait tant de preuves, celle de bon organisateur.

» Enfin arrivait l'époque où un plus vaste champ d'épreuves et de gloire allait lui être ouvert.

» Le 26 mai 1883, Paris recevait la nouvelle de la mort du commandant Rivière, et le gouvernement décidait une expédition au Tonkin, pour la venger.

» L'amiral Peyron, ministre de la Marine, en donnait le commandement en chef à l'amiral Courbet, qui partit pour Saïgon, sur son vaisseau le *Bayard*.

» A peine arrivé, il prouva au commissaire civil du Tonkin qu'avant tout, il fallait empêcher l'Annam d'entraver nos opérations et, pour cela, se rendre maître de Hué. Aux objections du gouvernement, il dit seulement : « Je réponds de tout », et le bombardement des forts qui protègent la capitale Hué fut ordonné. Le 18 août, l'amiral Courbet, à la tête de ses vaisseaux, s'embossait devant les forts de Thuan-An qui, malgré une forte résistance, cessèrent le feu, foudroyés par les vaisseaux. Le 20, les troupes mises à terre sous la protection des feux de l'escadre enlevèrent rapidement tous les forts, malgré une énergique résistance. L'ennemi étant en pleine retraite, l'amiral entre dans Hué et le roi d'Annam demande à traiter et, ainsi que l'amiral le dit dans son ordre du jour : « Un nouveau prestige est donné » au nom français dans l'extrême-Orient. »

» Il inaugurait, par ce succès tout maritime, la série des victoires qui devaient illustrer son nom.

» Le 25 octobre, il était nommé au commandement en chef des troupes de terre et de mer au Tonkin et allait prouver, à Sontay, qu'à ses qualités d'amiral il joignait celles de commandant d'armée.

» Nos plus sérieux ennemis, les Pavillons-Noirs, avaient pris pour repaire Sontay, place forte que sa position stratégique à l'entrée du delta semblait rendre inviolable. L'amiral Courbet jugea de suite qu'il fallait commencer par s'en emparer et, le 14 décembre 1883, il se met en marche à la tête de sept mille hommes et prend d'assaut le fort de Phu-Sa, tête des défenses de Sontay. Le 15, les Pavillons-Noirs les abandonnent et, le 16, nos troupes, l'amiral en tête, prennent d'assaut cette citadelle réputée inviolable. Je laisse aux historiens le récit de tous les brillants faits d'armes accomplis pendant ces journées et me contente de cette seule phrase de l'amiral : « Le corps expéditionnaire du » Tonkin, composé d'éléments divers, mais animés » du même souffle, a accompli des prodiges de » valeur. »

» Sontay pris, l'amiral prépara l'expédition qu'il méditait sur Bac-Ninh en attendant, pour la commencer, les renforts qu'il avait demandés en France.

» Mais, par ces envois, le gouvernement fit dépasser au corps expéditionnaire le chiffre d'une division et fournit ainsi le prétexte de remplacer par un général de division le contre-amiral qui avait si heureusement et si glorieusement ouvert la campagne. Courbet avait le cœur trop haut pour se décourager en perdant l'espoir de recueillir le fruit de ses premières victoires ; il reprit la direction de ses vaisseaux pour marcher à de nouveaux succès.

» Le 1er mars 1884, il est nommé vice-amiral.

» Les Chinois ayant violé le traité récent de Tien-Tsin par le guet-apens de Bac-Lé, un ultimatum fut lancé et de nouvelles négociations s'ouvrirent. Cependant, pour en finir avec les tergiversations chinoises, le gouvernement français stipula que l'escadre entrerait dans la rivière Min et prendrait position devant Foutchéou, ville importante de six cent mille âmes et le plus vaste arsenal de la Chine.

» L'amiral recevait cet ordre le 12 juillet et, le 13, ses vaisseaux étaient mouillés devant l'arsenal à la satisfaction des Chinois espérant les y retenir prisonniers, ne tenant compte ni de la science du chef ni de la valeur de nos marins.

» L'amiral Courbet força d'abord le commandant des forces chinoises qui commençait à appareiller à rester au mouillage et, pendant les quarante jours que durèrent les pourparlers, les flottes française et chinoise demeurèrent en présence, les feux allumés, les canons chargés. Cependant, nos ennemis utilisèrent leur temps à travailler nuit et jour à augmenter leurs troupes et leur artillerie et prouvaient par leur insolence leur confiance dans le succès.

» Enfin, le 22 août, l'amiral reçoit l'ordre d'attaquer, et, le 23, toute la flottille chinoise, plus forte que la nôtre, est détruite. Le feu de ces batteries formidables est éteint par l'adresse et le sang-froid de nos canonniers, et l'escadre, malgré la résistance des Chinois acharnés par la vue de leur grand arsenal détruit, descend triomphalement le Min.

» Foutchéou restera le nom d'un des plus brillants faits d'armes de la marine française.

» Courbet, toujours à la tête des opérations les plus dangereuses et les plus difficiles, montra ce que peut faire un homme de génie secondé par le sang-froid et un intrépide courage.

» Deux mois après, le gouvernement l'envoyait prendre l'île de Formose, qu'il voulait conserver comme gage jusqu'à la paix définitive.

» L'amiral s'empara le 1er octobre de la capitale Kelung avec la même hardiesse, et prit les dispositions pour rester maître de l'île de Formose; il se remit ensuite à la tête de sa division pour poursuivre des navires de guerre chinois qui cherchaient à inquiéter nos positions ; il recueillit dans cette dernière campagne un nouveau triomphe en coulant par ses torpilles, dans la baie de Sheipou, une frégate et une corvette chinoises.

» Enfin, le 30 mars 1885, il couronnait sa campagne en s'emparant des îles Pescadores et de leur capitale Makung.

» Les préliminaires du traité de paix du 4 août terminaient le rôle de la flotte et arrêtaient l'amiral dans ses projets d'entreprendre une campagne contre les ports du nord de la Chine.

» Hélas! la fin de cette campagne si brillante approchait pour lui et bien plus tristement. Pendant ces deux années de séjour dans les mers de Chine, il ne voulut jamais tenir compte de sa santé altérée depuis longtemps. Les fatigues, les émotions des succès, de vives contrariétés aggravèrent sa situation ; il comprit toute la gravité de son état, et il soutint ce dernier combat de la vie aussi héroïquement qu'il avait vécu.

» Le 11 juin 1885, il quitta la vie en chrétien et en brave.

» La France perdait son héros.

» Je termine en remplissant un devoir qui m'est bien cher. J'ai reçu du Comité de souscription l'ordre de remettre ce monument historique, cette merveille de l'art, ce souvenir cher à la France entière à la garde des concitoyens de l'amiral Courbet. — Où peut-il être mieux placé que là où ce grand homme est né, près de sa famille? Là où il a toujours été aimé?

» Abbeville, par ces fêtes magnifiques, ne justifie-t-elle pas cette décision?

» Monsieur le Maire et cher Collègue, venez donc me relever de ma mission et prenez à la charge d'Abbeville le monument élevé par le patriotisme de la France entière à l'illustre amiral Courbet. »

Après cet éloge d'un marin par un autre marin, la tâche de l'orateur qui devait succéder à ce dernier n'était point sans difficultés. C'est le maire d'Abbeville qui prit ensuite la parole. M. François s'acquitta de sa mission avec le plus grand tact, et l'impression profonde que fit son discours sur l'auditoire lui valut un brillant succès et d'unanimes applaudissements; c'est que l'orateur avait su exprimer en un langage élevé les sentiments qui débordaient du cœur de tous. Ce morceau de prose élégante est un de ceux qu'on relira longtemps.

« Messieurs,

» Dans quelques jours, il y aura cinq ans, c'était ici, sur cette même place, le spectacle grandiose et triste de la France en deuil près de la dépouille d'un de ses fils les plus glorieux qui n'avait vécu que pour elle, qui venait de mourir pour elle. La pensée qui remplissait alors les âmes, c'était surtout une immense et patriotique pitié pour ce grand cœur qui, si soudainement, avait cessé de battre, pour ce grand marin que la mort venait de nous enlever au milieu même du triomphe.

» Aujourd'hui, ce n'est plus vers un trophée funèbre que se portent nos yeux voilés de larmes.

Le héros, plus fort que la mort, est sorti du tombeau; l'élan généreux de tout un peuple appelant l'art sublime à son aide nous le rend transfiguré, et nos regards, pleins de reconnaissance, d'admiration et d'espérance, peuvent encore contempler Courbet.

» Vous avez retracé tout à l'heure, amiral, l'histoire simple et grande de cette œuvre de pur patriotisme, que vous aviez tant de titres à présider. Vous nous avez dit avec quel admirable empressement le pays avait répondu à l'appel du comité, et comment quelques semaines avaient suffi à rendre possible l'exécution de ce magnifique monument, présent inestimable, dépôt sacré que vous venez remettre aujourd'hui à la ville où naquit Courbet.

» Une telle solennité était bien digne d'avoir pour témoin un des représentants les plus éminents de la République, celui-là même qui préside aujourd'hui avec une activité et un dévouement si éclairés au développement des forces navales de la patrie.

» Pour moi, qui, par une insigne faveur de la fortune, ai l'honneur de représenter en ce jour la ville d'Abbeville, après avoir salué celui qui est ici comme la personnification de l'État, je me tourne vers vous, amiral, et, le cœur plein d'une patriotique émotion, j'adresse à vous, Président du Comité pour l'érection du monument à Courbet, aux milliers de bons Français qui ont collaboré à cette œuvre et aux grands artistes qui l'ont exécutée, l'expression de la plus ardente reconnaissance, et les profonds remerciements de la municipalité d'Abbeville, et de tous mes concitoyens.

» Et maintenant, Messieurs, en face de cette noble image qui évoque si puissamment le souvenir de Courbet, que pourrais-je faire de mieux que de vous parler de lui ?

» Le chef éminent, qui fut son aîné dans la carrière et qui sut des premiers deviner son génie, vous a rappelé, en traits saisissants, la vie de Courbet comme marin. Je ne saurais certes trouver rien de plus ni rien de mieux à ajouter à ce portrait de l'homme de guerre; j'essaierai seulement de montrer en Courbet l'homme de volonté et l'homme de cœur, et, — qu'il me soit permis de le dire, — à côté du grand Français, l'enfant de cette race picarde, qui a le droit d'être si fière de lui.

» Dès ses débuts dans la vie, Courbet se distingue par ces qualités maîtresses qui marquent les hommes d'élite. C'est par la volonté, par la discipline de l'esprit autant que par la générosité du cœur qu'il féconde d'admirables dons de nature.

» Le jeune sergent de l'École polytechnique, l'un des premiers par son savoir parmi ses camarades, sait aussi marcher à leur tête pour la défense du droit et de la liberté, et, au milieu de l'effervescence de 1848, il sauve par son sang-froid et son énergie nos riches collections du Louvre.

» Ne dirait-on pas que, reconnaissant d'un tel service, le génie de l'art dut inspirer plus tard ce monument consacré à celui qui l'avait si bien défendu ?

» C'est à ce moment qu'un ministre, devinant dans le jeune polytechnicien un auxiliaire précieux, l'appelle à ses côtés. Courbet voit s'ouvrir alors devant lui la carrière politique. Cela ne l'éblouit pas.

» Il avait la grande passion de la mer, comme si revivait en lui, transformé par la science, cet esprit d'entreprise et d'aventure qui avait jadis illustré cette ville même où il était né.

» Aussi, — chose rare, — en sortant de l'école, il choisit la marine.

» Il y fait, dès le début, le rude apprentissage de la vie, des hommes et des choses. Et c'est justement dans ces mers d'Indo-Chine qu'il commence sa carrière navale par une laborieuse campagne de quatre années.

» Il semble que, dès ce moment, il ait comme dressé le plan de cette existence si remplie, au cours de laquelle il épuisa jusqu'au fond tant de matières si diverses qui ont fait de lui un des marins les plus accomplis de notre temps. Tour à tour calculateur, astronome et hydrographe, il s'était formé, après dix ans de croisières lointaines, à la pratique de la navigation. Puis, nous le voyons s'attacher à l'étude de toutes les parties de la guerre navale avec cet acharnement au travail et cette continuité dans l'effort qui sont la marque principale de son caractère.

» Aussi, les chefs qui ont à le juger reconnaissent-ils unanimement dans le jeune officier, avec une étendue et une solidité de savoir peu communes, le jugement, le coup d'œil, l'aplomb et la vigueur qui distinguent les hommes propres au commandement.

» Telle fut, dès 1866, l'opinion de l'amiral de Dompierre d'Hornoy, lorsque, commandant la division cuirassée du Nord, il appela le capitaine de frégate Courbet aux importantes fonctions de chef d'état-major.

» Et ce témoignage de haute confiance, il devait le lui renouveler dix ans plus tard, lorsque, contraint par la maladie d'abandonner le commandement de l'escadre de la Méditerranée, il confiait sans hésiter à Courbet, alors capitaine de vaisseau, et redevenu son chef d'état-major, la direction des évolutions.

» A côté de ces exemples, je ne sais rien qui peigne mieux en Courbet l'homme à côté du marin, que le rapport d'un autre chef regretté, l'amiral Cloué, rendant compte de son inspection générale en 1879 :

« Il est impossible, dit-il, de rencontrer un officier » plus complet que le commandant Courbet. Excel- » lent marin, ayant beaucoup de décision et de » commandement, homme instruit, esprit métho- » dique, aucune partie du service ne lui est étran- » gère, et il est fort sur presque toutes. Très au » courant de tout ce qui tient à l'organisation et à » la conduite des escadres, il est certainement appelé

» à y rendre, dans les grades supérieurs, les plus » grands services. »

» A la suite de ce rapport, nommé gouverneur de la Nouvelle-Calédonie, Courbet eut encore l'occasion de déployer ses qualités d'administrateur et d'organisateur, et de devenir ainsi l'homme le mieux préparé pour conduire la grande expédition qui devait couronner sa vie.

» Telle est, Messieurs, la forte discipline à laquelle, jusqu'à cette époque, c'est-à-dire pendant plus de trente ans de vie maritime, Courbet a plié ses rares facultés. Telle est la laborieuse patience dans laquelle ce grand homme de devoir avait attendu que l'occasion lui fût offerte de donner l'essor à son génie. Il allait bientôt montrer dans cette admirable campagne du Tonkin les qualités suprêmes qui distinguent le vrai chef de guerre.

» Revenu de Calédonie, et mis à la tête de la division navale d'essais créée à Cherbourg, le contre-amiral Courbet arbore son pavillon sur le cuirassé le *Bayard,* le 23 avril 1883. Un mois plus tard arrivait à Paris la nouvelle de la mort du commandant Rivière, et le gouvernement n'hésitait pas à charger l'amiral Courbet d'aller tirer vengeance de la mort de ce brave.

» Il arrive, et, du premier coup d'œil, reconnaît le point où il faut frapper. Mais son plan rencontre à Paris quelques objections. C'est alors que, pour toute réponse, il prononce cette fière parole : « Je réponds de tout ! » Mot admirable dans une telle bouche, parce qu'il signifie que tout, dans la pensée du chef, a été calculé, préparé, prévu, avec ce soin du détail, cette conception de l'ensemble et cette sûreté de but qui ne laissent rien au hasard, et rendent la victoire pour ainsi dire nécessaire.

» Courbet n'a pas d'autre méthode, lorsque, de l'Annam dompté en quelques semaines, il va s'attaquer au delta du fleuve Rouge, où des bandes redoutables occupent la citadelle de Sontay rendue presque inviolable par des travaux de défense.

» Mais, ici, nous le voyons sous une face nouvelle. Il ne se contente pas de diriger cette expédition avec une précision, une vigueur et une énergie sans égales.

» Il montre dans l'action une bravoure personnelle qui en fait un héros aux yeux de toute l'armée, si bien que les hommes placés sous ses ordres se trouvaient entraînés, électrisés au spectacle de ce général s'identifiant avec le devoir, et que les obstacles les plus insurmontables semblaient s'évanouir devant ces marins, devenus, sous un tel chef, capables de tous les prodiges.

» C'est ainsi qu'après une lutte acharnée, Courbet entrait le jour même de l'attaque avec tout son état-major dans la citadelle de Sontay, victoire qui nous valait, le 11 juin 1884, la signature du traité entre la France et la Chine.

» La guerre paraissait terminée lorsque le guet-à-pens de Bac-Lé vint rouvrir les hostilités.

» Ici, Messieurs, commence cette incomparable campagne des mers de Chine qui met le comble à la gloire de Courbet, et qui restera comme une des plus belles pages de l'histoire de la marine française et de celle du monde.

» Dans le Min, devant Foutchéou, à Formose, aux Pescadores, c'est toujours la même sûreté dans la conception du plan, la même prévoyance dans l'emploi des moyens et, par-dessus tout, la même vigueur indispensable dans la conduite de l'action, qui fait qu'aucun insuccès ne vient interrompre le cours de ses victoires.

» Et, quand il s'agit de rendre compte de ces combats glorieux, ses rapports sont des chefs-d'œuvre de précision et de sobre éloquence militaire d'où le moi est toujours absent. Le chef respire tout entier dans le souffle qui circule à travers ces lignes mâles. L'homme est si riche de mérites passés et futurs qu'il ne songe pas à réclamer sa part dans le triomphe.

» Ah! s'il est un homme de guerre qui puisse se glorifier d'avoir ranimé depuis vingt ans dans notre France la flamme patriotique, d'avoir redonné à ce peuple la conscience de sa force et le sentiment de sa légitime fierté, c'est bien celui-là, c'est bien ce laborieux, ce modeste grand homme, qui ne chercha jamais dans une vaine popularité la fausse gloire capable d'entraîner la patrie aux abîmes et condamnée tôt ou tard à une fin misérable ; c'est bien ce marin à la volonté puissante, à l'âme haute, qui, mûri dans l'ombre, attend son heure, se trouve prêt à l'action quand la patrie l'appelle, et prouve, non par des paroles sonores, mais par des faits héroïques, son dévouement et son amour pour elle, en vengeant ses injures, en lui donnant un empire et en lui sacrifiant sa vie.

» Ce n'est pas seulement, Messieurs, par ces qualités d'esprit, par cette force de caractère que Courbet restera dans l'histoire. C'est aussi par son humanité, par sa bonté.

» Et voilà pourquoi Courbet a gagné les cœurs en même temps que l'admiration, pourquoi il est un héros si populaire.

» Personne mieux que lui ne sut se communiquer à ses hommes, partager leurs fatigues ou leurs joies, ni les soulager dans les souffrances et les épreuves de leur dur métier ou de leurs pénibles campagnes.

» Canonnier à bord du *Suffren* ou du *Montebello,* on le voit debout en même temps que ses matelots à cinq heures du matin, et ne donnant pas moins de quatorze heures par jour à son travail.

» Torpilleur à l'école d'application de Boyardville, il est toujours sur la brèche, animant de son exemple le corps d'élite qu'il commande, et nous préparant ces officiers héroïques qui devaient, sous ses yeux, se couvrir de gloire à Sheipoo.

» Et, plus tard, en rade de Kélung, quel soin il avait de ses braves marins! Il ne manquait jamais par les temps les plus horribles de faire armer dès le matin sa baleinière, et, seul, sans aide de camp, il allait chaque jour visiter les salles de l'hôpital, adressant un mot d'encouragement aux malades et leur serrant la main.

» Plein d'aménité avec ses officiers, il éveillait autour de lui par ses conversations animées une sorte de sérénité confiante, et ses vives saillies allaient entretenir jusque dans l'action une allégresse toute française, comme on le vit, par exemple, sur ces pentes escarpées de Kélung, qu'il escaladait avec une agilité surprenante, raillant doucement ceux de sa suite qui se laissaient distancer dans cette rude ascension.

» Qu'il me soit permis enfin, Messieurs, de reconnaître dans tous ces traits comme le rare assemblage de toutes les qualités de ce sang picard qui coulait dans ses veines : esprit net, ferme, avisé, disant avec cette pointe gauloise qui est comme la marque du terroir, volonté invincible, cœur chaud, généreux, plein d'humanité, courage toujours supérieur au danger, et tout cela soutenu par ce profond amour de la France dont ce pays a donné tant d'exemples.

» Oui, le voilà bien tel qu'il doit rester dans la mémoire des hommes, avec l'éclair du génie sur le front, inspiré pour ainsi dire par son ardent patriotisme, le regard ferme, fixé sur le point décisif que sa pénétration a marqué d'avance, et, d'un geste souverain, lançant la Victoire docile à ses ordres.

» Honneur soit rendu aux grands artistes qui, mettant ensemble l'entente de l'harmonie dans cette masse imposante, la noblesse et la clarté dans le symbolisme, et la vérité, la force et la grâce dans ces figures d'une beauté suprême, ont réalisé le plus bel hommage que l'art pût rendre à Courbet, le grand marin, le vainqueur du Tonkin, le grand patriote.

» Honneur aussi à vous, Messieurs du Comité, qui venez, au nom du pays entier, votre collaborateur dans cette œuvre, nous faire la remise de cet incomparable monument.

» Cette merveille qui, par ses proportions, n'a pas d'égale dans le pays même qui nous en a fourni la précieuse matière, vient ajouter aux trésors de notre vieille cité. Mais, si nous savons la conserver avec fierté comme un chef-d'œuvre, nous saurons aussi l'entourer d'une piété patriotique comme un des plus beaux monuments de notre histoire nationale.

» Dans cette commune d'Abbeville, illustrée par ses luttes séculaires pour la liberté et pour l'indépendance française, où, dès le XIIIe siècle, un Ringois savait mourir stoïquement pour rester Français, nous garderons avec orgueil cette image sublime du moderne héros. A l'étranger, elle montrera quels hommes peuvent susciter à de certaines heures les dangers dont on nous menace ; à nous et à nos enfants, elle rappellera sans cesse comment on vit, et comment on meurt pour son pays. »

M. de Douville-Maillefeu, député de la seconde circonscription d'Abbeville, succéda à M. François, et prononça une courte allocution, souvent interrompue par des applaudissements.

« Après ce qui vient d'être dit, déclare l'orateur, il ne me resterait rien à ajouter, si je ne n'avais reçu du parlement l'injonction de l'associer en son nom aux joies de ce jour. »

Puis, s'adressant à l'amiral Courbet, M. de Douville s'écrie :

« Héros qui entres dans l'immortalité, ce n'est pas seulement la ville d'Abbeville et le département de la Somme, c'est la patrie tout entière qui t'honore, car tu fus toujours franc, loyal et fidèle, fidèle à l'honneur. »

L'orateur rappelle ensuite les luttes soutenues par la virile cité abbevilloise pour l'indépendance et la liberté. Il constate que c'est le travail qui a soutenu ces laborieuses populations et leur a donné le triomphe. « Le travail, dit M. de Douville, ennoblit ceux qui y ont recours.

« C'est la noblesse du cœur qui a fait ce héros ; il a été une force, qu'il soit un perpétuel exemple pour les Abbevillois et pour tous les Français. »

M. Hervé, membre de l'Académie française, a prononcé en dernier lieu le discours suivant :

« Messieurs,

» La presse a concouru, par son initiative et par ses efforts, à l'hommage qui vient d'être rendu à Courbet. C'est pourquoi elle a sa place dans cette journée.

» Il y a un terrain sur lequel se rencontrent les journaux de toute opinion. La politique les divise : le patriotisme les réunit.

» La gloire de Courbet, à la hauteur où elle s'est placée, plane au-dessus de nos dissentiments et de nos compétitions.

» La France, après les désastres de 1870 et de 1871, attendait l'homme qui lui ramènerait la confiance, fille du succès.

» Qui l'aurait cru, que ce serait cet enfant d'Abbeville, dont on inaugure aujourd'hui le monument?

» Courbet n'était encore connu que de ses chefs, parmi lesquels il faut citer en première ligne celui qui avait deviné sa valeur et protégé ses débuts, son compatriote, l'amiral de Dompierre d'Hornoy.

» Les grandes occasions lui avaient manqué : mais, dès qu'il a été nommé à un commandement en chef, il s'est révélé tout entier.

» Appelé à combattre tour à tour sur terre et sur mer, il a montré que le génie de la guerre est le même partout et qu'il brise les classifications dans lesquelles on prétend l'enfermer.

» A sa première victoire, la France a tressailli. Elle l'a suivi, avec une émotion toujours croissante, dans sa route triomphale, de Sontay, de Fout-chéou aux îles Pescadores.

» Le hasard peut expliquer un succès isolé ; il n'explique pas une suite ininterrompue de succès.

» Courbet avait les dons supérieurs du commandement : l'accord de la pensée qui conçoit et de la volonté qui exécute, le sentiment de la responsabilité, une âme héroïque, que les dangers élevaient au-dessus d'elle-même et que le feu des batailles éclairait de soudaines illuminations.

» J'entends dire que les guerres futures, par l'énormité des effectifs mis en mouvement, ne laisseront aux chefs militaires qu'un rôle effacé. Permettez-moi de n'en rien croire.

» Plus les armées seront nombreuses, plus le commandement sera difficile, plus seront rares et précieuses les qualités nécessaires pour l'exercer. Voilà la vérité. Elle ne réduit pas l'importance des chefs, au contraire.

» La vie de Courbet, qui a été un exemple, doit rester un enseignement. Si jamais nous étions tentés de nous laisser aller au découragement, retrempons-nous dans ce fortifiant souvenir.

» Il ne faut jamais désespérer de notre patrie. Les vertus militaires ne sont pas près de s'éteindre chez les descendants des vieux Gaulois.

» La France est le pays des grands affaissements et des relèvements inattendus, des douloureuses épreuves et des éclatantes revanches.

» Sa destinée historique n'est pas encore épuisée.

» Attendons, espérons et travaillons ! »

A quatre heures, plus de vingt mille personnes se pressaient dans la prairie Malicorne pour assister à un brillant carrousel offert par le 3e chasseurs (colonel de Roquefeuil), organisé sous l'habile direction de M. de Lagonde, capitaine-instructeur audit régiment, qui, pendant plusieurs mois, avait préparé et dirigé ce carrousel dans ses moindres détails avec une précision admirable et un savoir consommé. Aussi, c'est avec un réel enthousiasme que la foule applaudit à ces brillants exercices, accomplis sans une erreur, sans une faute, sans un oubli.

A six heures, avait lieu à la Halle aux Toiles un banquet de quatre cents convives, présidé par M. Barbey, ayant à sa droite M. François, et à sa gauche M. de Maigret, officier d'ordonnance du Président de la République. Parmi les principaux personnages de la table d'honneur, nous citerons : M. Étienne, sous-secrétaire d'État ; les amiraux de Dompierre d'Hornoy et Lespès, le général de Cools, M. Daussy, président de la Cour d'appel de la Somme, M. Allain-Targé, préfet de la Somme,

MM. les amiraux Galiber, Parrayon, Parreira, Miot et Dorlodot des Essarts, le général Gossart, le colonel de Roquefeuil, MM. Dauphin, de Douville-Maillefeu, Jametel, Hervé, Melcot, Chastenet, sous-préfet d'Abbeville, Morin, sous-préfet de Doullens, Ganesco, sous-préfet de Montdidier, Phélut, sous-préfet de Péronne, Béthouart, président du tribunal civil, etc., etc.

Après divers toasts prononcés par MM. Allain-Targé, François, de Cools et Barbey, ce dernier remit la croix de la Légion d'honneur à M. Ernest Prarond au milieu des applaudissements de tous, car nul n'a mieux mérité cette décoration.

A dix heures avait lieu, devant trente mille personnes, un feu d'artifice, dont le bouquet final représentait l'apothéose de l'amiral Courbet et l'attaque d'une pagode chinoise par le *Bayard*.

Les fêtes organisées par la municipalité d'Abbeville avaient obtenu le plus éclatant succès. C'est en ces termes que M. le Maire remercia ses administrés :

« Mes chers Concitoyens,

» Les fêtes qui viennent de prendre fin dans notre ville ont été splendides. Nos hôtes sont partis charmés de la réception qui leur a été faite, et

M. le Ministre de la Marine, ainsi que les hauts dignitaires qui l'accompagnaient, m'ont exprimé, à plusieurs reprises, leur entière satisfaction.

» Le concours si chaleureux de toute la population a largement contribué à cet heureux résultat. Chacun a voulu prendre part à cette grande manifestation en l'honneur de notre glorieux concitoyen, et, sur tous les points de la ville, l'entrain le plus louable n'a cessé d'exister.

» J'ai été, pour ma part, très touché de ces marques évidentes de patriotisme, et je ne saurais trop vous remercier de l'empressement avec lequel vous avez répondu ainsi à l'appel de la municipalité.

» Veuillez agréer, mes chers concitoyens, l'assurance de mon entier dévouement.

» *Le maire d'Abbeville, député de la Somme,*

» A. FRANÇOIS. »

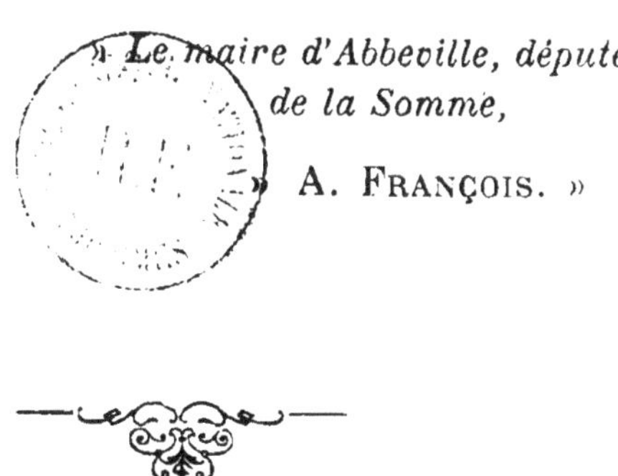

TABLE DES MATIÈRES

Abbeville, imprimerie du Pilote de la Somme, Fourdrinier et Ce.

www.ingramcontent.com/pod-product-compliance
Ingram Content Group UK Ltd.
Pitfield, Milton Keynes, MK11 3LW, UK
UKHW021108260726
13994UKWH00002B/775